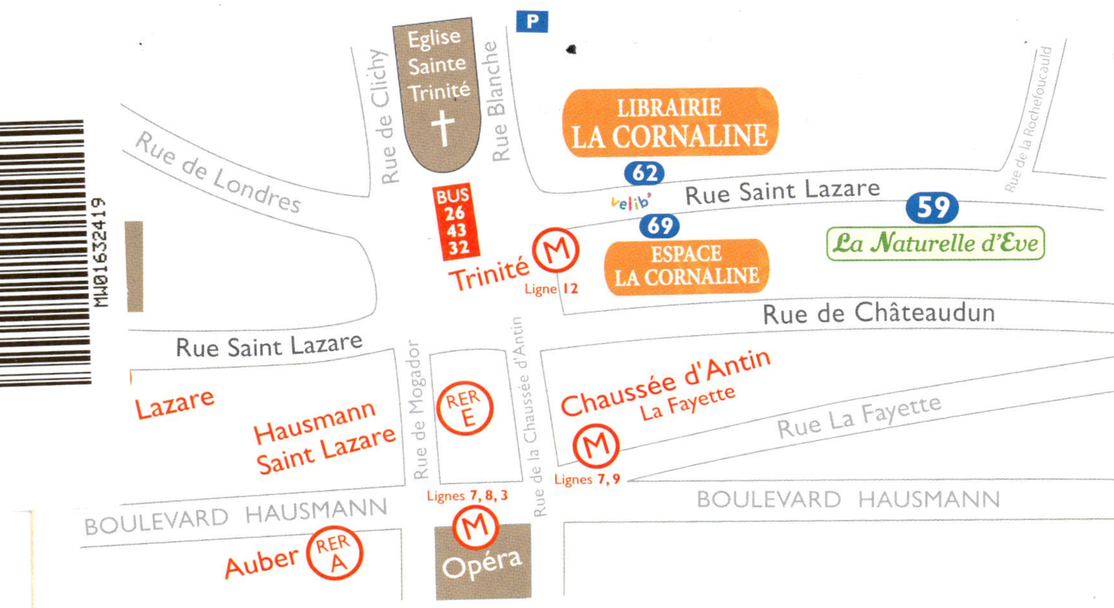

MW01632419
Eglise Sainte Trinité
Rue de Londres
Rue de Clichy
Rue Blanche
P
LIBRAIRIE LA CORNALINE
62
velib'
Rue Saint Lazare
59
69
ESPACE LA CORNALINE
La Naturelle d'Eve
Rue de la Rochefoucauld
BUS 26 43 32
Trinité
Ligne 12
Rue de Châteaudun
Rue Saint Lazare
Lazare
Hausmann Saint Lazare
Rue de Mogador
RER E
Rue de la Chaussée d'Antin
Chaussée d'Antin La Fayette
Rue La Fayette
Lignes 7, 9
Lignes 7, 8, 3
BOULEVARD HAUSMANN
BOULEVARD HAUSMANN
Auber
RER A
Opéra

À propos des cristaux :

La Bible des cristaux, Judy Hall, Guy Trédaniel Éditeur.
Cristaux de guérison, Judy Hall, Guy Trédaniel Éditeur.
Cristaux essentiels, Simon & Sue Lilly, Guy Tredaniel Éditeur.
L'énergie des cristaux, Vanessa Lambert, Le Courrier du Livre.
Le livre des cristaux, Liz Simpson, Le Courrier du Livre.
Manuel de lithothérapie, Michael Gienger, Éditions Véga.
L'univers des cristaux, J. Harding, Le Courrier du Livre.
Ces pierres qui guérissent, P.Permutt, Le Courrier du Livre.

Michael Gienger

430 PIERRES AUX VERTUS THÉRAPEUTIQUES

Cinquième édition

Guy Trédaniel éditeur
19, rue Saint-Séverin
75005 Paris

Traduit de l'allemand
par Ada Vuffray (noms des pierres et minéralogie)
et de Christan Muguet (indications)
sous la direction de Peter Schmidt,
assisté par Arwen Lentz

Titre original: Heilsteine, 430 Steine von A – Z

Original edition publié par Neue Erde Verlag GmbH 2003

Photo de la couverture: Ines Blersch

ISBN : 978-2-84445-770-7

www.editions-tredaniel.com
info@guytredaniel.fr

Un répertoire clair des pierres de soins et de guérison

Vingt ans après la première publication moderne sur la force de guérison des pierres précieuses, Michael Gienger propose avec le présent ouvrage un répertoire clair et illustré des pierres précieuses qui guérissent. Pionnier en la matière et chercheur engagé dans le domaine de lithothérapie, il est parvenu à présenter d'une manière compacte et facilement accessible les effets curatifs de 430 pierres – tout en donnant une description claire et précise de chacune d'entre elles.

Ce répertoire synthétise les résultats de trois fois sept ans de recherche en matière de lithothérapie : sept ans de travail pionnier, sept ans de recherche fondamentale et sept ans d'expérience pratique – sans ces données et la collaboration de nombreux thérapeutes, médecins et minéralogistes, cet ouvrage n'aurait pas été possible. C'est pourquoi je tiens à remercier ici tous ceux qui ont participé à ce travail!

Ce répertoire minéralogique s'adresse à tous ceux qui cherchent une source d'information fiable sur les vertus curatives des pierres précieuses:

- À toutes les personnes, qui s'intéressent aux effets curatifs des pierres précieuses et qui veulent en savoir plus.

- À tous les thérapeutes, médecins et minéralogistes pour servir d'aide-mémoire contenant l'ensemble des pierres précieuses guérisseuses qui existent actuellement.

- À tous ceux qui travaillent avec les pierres, en guise de source d'informations sur l'état actuel de la lithothérapie.

Bref, il s'agit d'un petit guide qui sera utile à tous ceux qui, d'une manière ou d'une autre, ont un lien quelconque avec les pierres ! Mais voyez plutôt par vous-même…

Mode d'emploi de ce guide

Le présent répertoire sert à définir et à présenter sur un plan minéralogique et thérapeutique les pierres de guérison qu'on peut actuellement trouver sur le marché. Il s'agit donc d'offrir quelques points de repère rapides sur les principales propriétés d'une pierre. Il est ensuite possible d'aller plus loin en consultant une documentation plus complète. Vous trouverez ci-dessous les **Indications** nécessaires à l'utilisation du guide :

Titre : Le titre de chaque paragraphe précise le ou les noms de la pierre. En plus du terme minéralogique, on trouve le nom utilisé dans le commerce dès lors que cette terminologie désigne ou décrit plus précisément la pierre en question. Afin de bien différencier les deux, les dénominations scientifiques sont imprimées en noir et les appellations commerciales en bleu. Les titres choisis sont en même temps une proposition faite à des vendeurs de pierres, et, d'une manière générale, à toutes les personnes qui s'y intéressent et qui souhaitent se référencer à une désignation correcte des pierres pour éviter tout malentendu.

Minéralogie : Vous trouvez ici une présentation minéralogique brève, surtout la classe minérale et éventuellement le groupe minéral ainsi que le système cristallin et le mode de formation (primaire = formation magmatique, secondaire = par érosion et sédimentation, tertiaire = formation métamorphique sous l'effet de la pression et de la chaleur). Parallèlement à la couleur, ces précisions sont très importantes par rappor à l'effet thérapeutique d'une pierre et à son utilisation.

Indications : Vous trouverez dans ce répertoire les principales vertus thérapeutique et les domaines d'action propres à chaque pierre. Les principaux symptômes traité par la pierre concernée sont pris en compte ainsi que ses particularités par rapport à d'autres pierres aux effets similaires.

(S) désigne le domaine **spirituel,** celui de l'être humain avec ses intentions, ses but ou ses objectifs existentiels ; **(A)** désigne le domaine de l'**âme** ou du subconscient e englobe à ce titre les notions de tempérament, de sentiments, de sensations, de rêves de vécu sur le plan de l'âme, d'habitudes et de réactions inconscientes ; **(M)** désign la raison et le domaine **mental** avec les idées, les convictions, les considérations, ains que le mode de pensée et d'action consciente ; **(P)** désigne le domaine **physique** o corporel, l'ensemble de l'organisme avec les sens, les organes et les fonctions.

La délimitation de ces quatre domaines permet de différencier plus clairement ce qu peut être influencé, favorisé, transformé ou guéri à l'aide des pierres.

Lit. : Indique les autres ouvrages de Michael Gienger, publiés chez Guy Trédaniel Éditeur, qui traitent ces pierres avec plus de détails. Les numéros correspondent aux titres suivants:

1/ Manuel de lithothérapie ou l'art de soigner avec les pierres
2/ Lexikon der Heilsteine
3/ Die Heilsteine-Hausapotheke – à paraître en français
4/ Rythmes biologiques et pierres précieuses

Disp. : Cette mention renvoie à la disponibilité estimée des pierres en question. Cette disponibilité est en fait très fluctuante et dépend en définitive de ce que l'on trouve actuellement dans les mines et les gisements et de ce qui en est extrait. C'est pourquoi ces **Indications** ne sont là que pour permettre d'évaluer la probabilité de pouvoir trouver la pierre désirée dans le commerce. Aussi convient-il de ne pas confondre la disponibilité dans le commerce avec la rareté intrinsèque de la pierre ! Il est souvent plus facile de trouver certaines pierres rares très recherchées que certaines autres qui sont plus faciles à trouver, mais qui sont moins connues. Nous avons classé la disponibilité dans le commerce de la manière suivante :

Très bonne : Disponible depuis longtemps sans interruption en grande quantité et sous différentes formes de présentation. Inutile de craindre un quelconque problème de livraison pour les modèles proposés dans les formes de présentation habituelles.
Bonne : En général suffisante. Inutile de craindre des problèmes de livraison, au moins pour certaines formes de présentation.
Faible : Pas toujours disponible. Des ruptures de stock sont fréquentes, ou seules certaines formes de présentation sont disponibles et en quantité limitée. Les réserves sont instables ou limitées.
Rares : Difficile à trouver sur le marché. Les délais de livraison sont longs en général. Disponibles occasionnellement et uniquement sous certaines formes de présentation. Les réserves sont très limitées.
Très rare : On ne peut se procurer la pierre en question sur le marché qu'à titre tout à fait exceptionnel et uniquement sous certaines formes de présentation. Les réserves concernant ces pierres sont extrêmement limitées et les gisements connus sont déjà complètement épuisés ou sont devenus inaccessibles.

❍ Cette dernière case peut vous permettre d'indiquer pour vous-même les pierres que vous avez déjà dans votre collection personnelle ou dans votre pharmacopée familiale, ou que vous utilisez dans votre quotidien professionnel pour faire des tests ou des traitements.

Abalone (Coquillage Paua, nacre)

Minéralogie : coquillage multicolore (aragonite, orthorhombique, secondaire)

Indications : (S) gaieté, assurance, protection ; (A) dépassement d'un état d'abattement, de manque d'assurance et de déception ; (M) relation vigilante avec soi-même et les autres ; (P) atténue les démangeaisons et les inflammations de la peau, des muqueuses et des organes sensoriels.

Lit. : 1 **Disp.** : très bonne ❍

Actinolite

Minéralogie : inosilicate du groupe des amphiboles (monoclinique, tertiaire)

Indications : (S) droiture, réorientation, attitude conséquente ; (A) favorise l'estime de soi et l'équilibre intérieur ; (M) favorise la poursuite conséquente de ses propres objectifs ; (P) stimule le foie et les reins ainsi que tous les processus de croissance et de rétablissement.

Lit. : 1 / 2 **Disp.** : faible ❍

Actinolite avec chlorite

Minéralogie : inosilicate riche en minéraux divers (monoclinique, tertiaire)

Indications : (S) succès obtenu par une patiente persévérance ; (A) procure patience, endurance et confiance en soi ; (M) facilite la prise de décision ; (P) stimule le foie et les reins ainsi que tous les processus de régénération, de croissance et de reconstitution de l'organisme.

Lit. : 1 / 2 **Disp.** : faible ❍

Aegirine

Minéralogie : inosilicate du groupe des pyroxènes (monoclinique, primaire)

Indications : (S) droiture, vertu ; (A) favorise l'estime de soi, utile en cas de problèmes relationnels, de séparation ou de deuil ; (M) orientation vers les buts essentiels ; (P) efficace en cas de problèmes et de douleurs de dos, agit sur les nerfs, les muscles, les os et les glandes hormonales.

Disp. : rare ❍

Aegirine-augite

Minéralogie : inosilicate du groupe des pyroxènes (monoclinique, primaire)

Indications : (S) contenance, endurance ; (A) favorise l'indulgence, aide à garder son calme dans des situations difficiles ; (M) favorise le travail patient (intellectuel et physique) ; (P) favorise la digestion, stimule le travail intestinal et rénal ainsi que la fonction hormonale, atténue les douleurs.

Disp. : rare ❍

Agate

Minéralogie : quartz rubané (dioxyde de silicium, rhomboédrique, primaire)

Indications : (S) stabilité, recueillement, maturité ; (A) protection, sensation d'être à l'abri de problèmes, sécurité ; (M) sens des réalités, pensée pragmatique, aisance à résoudre les problèmes ; (P) pour les yeux, les organes creux (estomac, intestin, etc.), les vaisseaux et la peau. Pierre de protection de la grossesse.

Lit. : 1 / 2 / 3 / 4 **Disp** : très bonne ❍

Agate (à signature d'estomac)

Minéralogie : agate avec dessin qui fait penser à un estomac (rhomboédrique, primaire)

Indications : (S) expérience de la vie, travail ; (A) stimule la capacité à assimiler ses impressions et ses expériences ; (M) stimule l'apprentissage et la réflexion lucide ; (P) pour la digestion et le métabolisme, en cas de troubles intestinaux comme les nausées ou les gastrites.

Lit. : 1 / 2 / 3 / 4 **Disp.** : bonne ❍

Agate (à signature d'inflammation)

Minéralogie : agate partiellement et naturellement rose, invoquant une inflammation (rhomboédrique, primaire)

Indications : (S) transformation, consolation, adoucissement ; (A) nouvelle sensation de confiance après des événements malheureux ; (M) maîtrise réfléchie des difficultés ; (P) en cas d'inflammations de tous les organes ou tissus, favorise la transpiration en cas de fièvre.

Lit. : 1 / 2 / 3 / 4 **Disp.** : faible ❍

Agate (à signature d'un utérus)

Minéralogie : agate avec dessin qui fait penser à un utérus (rhomboédrique, primaire)

Indications : (S) croissance, développement, prospérité ; (A) sentiment d'être à l'abri en cas de mal du pays ou de solitude ; (M) caractère attentif ; (P) en cas d'inflammation de l'utérus, de troubles menstruels, pendant la grossesse et pour le rétablissement après l'accouchement.

Lit. : 1 / 2 / 3 / 4 **Disp.** : bonne ❍

Agate (à signature de cellules)

Minéralogie : agate avec dessin ressemblant à des cellules et des tissus (rhomboédrique, primaire)

Indications : (S) capacité de transformation, régénération ; (A) débloque des états d'âme figés ; (M) favorise la concentration sur l'essentiel ; (P) pour les tissus, le métabolisme, le système immunitaire, agit en cas d'infections et de maladies de la peau.

Lit. : 2 / 3 **Disp.** : faible ❍

Agate (à signature de cicatrice)

Minéralogie : agate avec dessin ressemblant à une cicatrice (rhomboédrique, primaire)

Indications : (S) réparation, soulagement ; (A) assimiler les blessures du passé ; (M) faire face activement au stress et aux fardaux ; (P) améliore le métabolisme de la peau et celui des tissus, stimule la guérison des blessures et attribue à la réduction des cicatrices.

Lit. : 2 / 3 **Disp.** : faible ❍

Agate (à signature de la peau)

Minéralogie : agate avec dessin ressemblant à des couches de peau (rhomboédrique, primaire)

Indications : (S) contact, délimitation ; (A) solidité et constance ; (M) réflexion constructive ; (P) effet de régulation, de reconstitution, de drainage pour la peau, en cas d'éruptions et d'inflammations cutanées, de mycoses ainsi qu'en cas de peau sèche, gercée ou comportant des impuretés.

Lit. : 1 / 2 / 3 / 4 **Disp.** : bonne ❍

Agate (Agate fortification, à signature de vessie)
Minéralogie : agate avec un dessin qui fait penser à la vessie (rhomboédrique, primaire)
Indications : (S) maîtrise, lâcher-prise, calme ; (A) délimitation, relaxation ; (M) réalisation conséquente de ses projets ; (P) en cas de problèmes de vessie, en particulier d'inflammations, incontinence et troubles de la prostate.
Lit. : 1 / 2 / 3 / 4 **Disp.** : bonne ❍

Agate (Crazy Lace)
Minéralogie : agate avec des couches de différentes couleurs montrant un dessin étrange (rhomboédrique, primaire)
Indications : (S) adresse, mobilité, dynamisme ; (A) vivacité, diversion ; (M) flexibilité de la pensée et de l'action ; (P) stimule le métabolisme des tissus, s'avère très efficace pour traiter les infections, les piqûres d'insectes, les varices et les hémorroïdes.
Lit. : 2 / 3 **Disp.** : bonne ❍

Agate (Peau de serpent)
Minéralogie : agate qui rappelle une peau de serpent (rhomboédrique, primaire)
Indications : (S) clarification, capacité à s'entendre ; (A) calme les émotions fortes ; (M) pour une pensée lucide et une action réfléchie ; (P) agit favorablement sur le cerveau, le métabolisme, la lymphe et les liquides corporels, diminue les mucosités et atténue les allergies.
Lit. : 2 **Disp.** : rare ❍

Agate (Thunderegg, Pierre d'amulette)
Minéralogie : agate dans des nodules de rhyolite / porphyrite (rhomboédrique, primaire)
Indications : (S) conscience, éveil, maturité ; (A) capacité à tout bien ressentir tout en restant équilibré intérieurement, atténue le stress ; (M) pour avoir une bonne compréhension des choses et identifier les tenants et les aboutissants ; (P) pour le cerveau, la moelle épinière, les nerfs, le foie, le système immunitaire et l'équilibre hormonal.
Lit. : 2 **Disp.** : faible ❍

Agate à eau (Enhydre)

Minéralogie : nodule d'agate rempli en partie d'eau (rhomboédrique, primaire)

Indications : (S) croissance, protection, développement ; (A) stimule la sensation d'être à l'abri et le calme intérieur, améliore la facilité d'adaptation; (M) renforce la sollicitude et la franchise ; (P) pierre de protection de la grossesse ; régule l'équilibre hormonal et hydrique de l'organisme.

Lit. : 1 / 2 / 3 **Disp.** : rare ❍

Agate arborisée (Quartz)

Minéralogie : quartz blanc à dendrites vertes (rhomboédrique, primaire)

Indications : (S) persévérance, état irréprochable ; (A) sécurité, stabilité et endurance même dans les situations désagréables ; (M) aide à accepter et à maîtriser les défis ; (P) renforce la résistance et le système immunitaire, aide en cas d'infections fréquentes.

Lit. : 1 / 2 **Disp.** : bonne ❍

Agate blanche

Minéralogie : agate incolore ou blanche (rhomboédrique, primaire)

Indications : (S) calme, paix, sécurité ; (A) favorise le recueillement intérieur, la bonté, la sincérité et l'insouciance ; (M) favorise la tolérance et l'indulgence ; (P) pour les yeux, le cerveau, la peau, la lymphe et les tissus ; pierre de protection de la grossesse.

Lit. : 2 **Disp.** : bonne ❍

Agate de feu

Minéralogie : agate veinée avec des couches irisées d'oxyde de fer (rhomboédrique, primaire)

Indications : (S) initiative, engagement ; (A) gaieté, satisfaction ; (M) résolution, pensée positive, évaluation des expériences ; (P) pour l'élimination, en cas de troubles intestinaux, en particulier de ballonnements, de diarrhée, de constipation, d'inflammation (chronique).

Lit. : 2 / 3 **Disp.** : rare ❍

Agate dendritique

Minéralogie : agate à dendrites de manganèse (rhomboédrique, primaire)
Indications : (S) intégrité, purification ; (A) dépassement d'états liés au fait d'enfreindre des limites psychologiques et à des charges psychologiques ; (M) capacité à affronter et résoudre des choses désagréables ; (P) drainage des tissus ; en cas de troubles de la peau, des muqueuses, des poumons et des intestins.
Lit. : 1 / 2 / 3 / 4 **Disp.** : faible ❍

Agate mousse rose

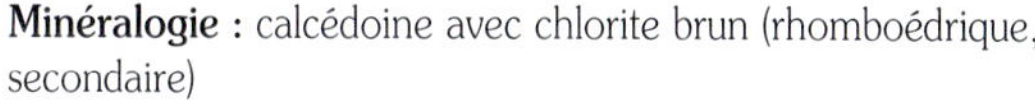

Minéralogie : calcédoine avec chlorite brun (rhomboédrique, secondaire)
Indications : (S) assimiler ; (A) aide à dépasser le dégoût, l'aversion, le ressentiment et l'envie de se quereller ; (M) élimine les reproches et les idées de vengeance ; (P) stimule la digestion et l'élimination, améliore la fonction digestive et développe la flore intestinale, atténue les inflammations gastriques et intestinales.
Lit. : 2 / 3 **Disp. :** faible ❍

Agate mousse

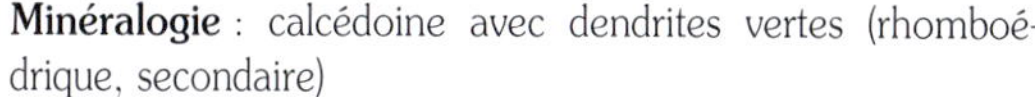

Minéralogie : calcédoine avec dendrites vertes (rhomboédrique, secondaire)
Indications : (S) libération ; (A) élimine la pression et décharge de certains poids ; (M) rend conscient, favorise la communication et la vivacité d'esprit ; (P) nettoie les tissus, la lymphe et les voies respiratoires, aide en cas de toux, de refroidissement et d'infections tenaces, fait baisser la fièvre.
Lit. : 1 / 2 / 3 **Disp. :** bonne ❍

Agate orbiculaire

Minéralogie : agate avec dessin ressemblant à des yeux (rhomboédrique, primaire)
Indications : (S) intérêt, défense, protection ; (A) fermeté ; en cas de cauchemars ; (M) aide à regarder les choses en face ; (P) en cas d'inflammation des yeux, de conjonctivite ou de problèmes de rétine, de glaucome ; pour les vaisseaux et en cas de troubles de la prostate.
Lit. : 1 / 2 / 3 / 4 **Disp.** : bonne ❍

Agate rose (Agate abricot)
Minéralogie : agate dont la couleur principale est rose (rhomboédrique, primaire)
Indications : (S) élan, sympathie ; (A) fermeté, protection et sécurité ; (M) pour faire face énergiquement à un travail difficile ; (P) en cas d'états inflammatoires, stimule l'assimilation des nutriments dans l'intestin ainsi que le métabolisme et la circulation sanguine.
Lit. : 2 / 3 **Disp.** : faible ❍

Agate rouge
Minéralogie : agate de couleur rouge naturelle (rhomboédrique, primaire)
Indications : (S) force, stabilité, capacité à faire face à une lourde charge ; (A) endurance et force résultant d'un équilibre intérieur ; (M) développement et utilisation consciente de ses propres capacités ; (P) fortifie l'estomac, l'intestin, et les vaisseaux sanguins, stimule la circulation et l'irrigation.
Lit. : 2 / 3 **Disp.** : bonne ❍

Agate rubanée
Minéralogie : agate avec des couches bien distinctes, souvent horizontales (rhomboédrique, primaire)
Indications : (S) solidité et maintien ; (A) protection, sécurité, force de l'âme ; (M) favorise une démarche pragmatique de la pensée et de l'action ; (P) pour l'intestin et la digestion, stimule l'élasticité des parois vasculaires et prévient la formation de varices.
Lit. : 1 / 2 / 3 / 4 **Disp.** : bonne ❍

Agate tubulaire
Minéralogie : agate avec des inclusions tubulaires (rhomboédrique, primaire)
Indications : (S) épanouissement, progrès ; (A) tenacité, acceptation de ce qui est immuable ; (M) compréhension, examen critique des considérations ; (P) stimule les glandes et le métabolisme, excellent en cas de troubles de la prostate et des problèmes de vessie et de digestion, augmente la puissance sexuelle.
Lit. : 2 **Disp.** : bonne ❍

Agate zébrée

Minéralogie : agate noire à bandes blanches (rhomboédrique, primaire)

Indications : (S) nouveau départ, réflexion, maturité ; (A) permet l'impartialité et la droiture ; (M) favorise la méticulosité et permet de mettre un ordre pragmatique et serein de sa propre vie ; (P) améliore la motricité, l'ouïe et le sens de l'équilibre.

Lit. : 2 **Disp.** : faible ❍

Agate-Pyrite

Minéralogie : mélange de calcédoine et de pyrite (rhomboédrique / cubique, secondaire)

Indications : (S) purification ; (A) aide à dépasser la lourdeur et la pression ; (M) incite à se confronter à ce qui est désagréable ; (M) favorise le purification et le flux lymphatique, stimule le foie, améliore l'élimination et accélère les processus de guérison.

Lit. : 2 **Disp.** : faible ❍

Aigue-marine

Minéralogie : béryl ferrifère, bleu à vert (hexagonal, primaire)

Indications : (S) clairvoyance, prévoyance ; (A) favorise l'endurance, la discipline, la légèreté et la sérénité ; (M) permet de sortir de la confusion, incite à aller jusqu'au bout de quelque chose pas encore terminé ; (P) aide en cas d'allergies, de rhume des foins, de troubles des yeux et des voies respiratoires, de la thyroïde et de la vessie.

Lit. : 1 / 2 / 3 / 4 **Disp.** : bonne ❍

Albâtre (Gypse)

Minéralogie : sulfate hydraté de calcium microcristallin (monoclinique, secondaire)

Indications : (S) stabilité, maîtrise, délimitation ; (A) aide à mettre des limites et à stabiliser les états psychiques instables, protège en cas d'hypersensibilité ; (M) perception consciente d'anciens schémas ; (P) fortifie les tissus, dissipe les nodules musculaires (applications courtes uniquement).

Lit. : 2 **Disp.** : bonne ❍

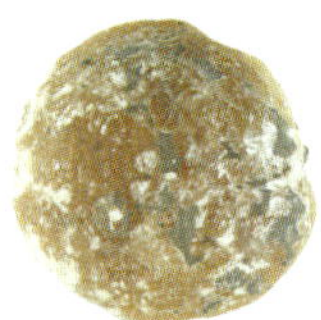

Albâtre d'Engelberg (Gypse)

Minéralogie : nodule de gypse de Leonberg (monoclinique, secondaire)

Indications : (S) perception de soi-même, délimitation ; (A) pour le calme et la tranquillité, aide à dépasser les vieux schémas, intensifie les rêves ; (M) aide à fixer les priorités ; (P) efficace pour un sommeil réparateur, une meilleure sensation corporelle, atténue les douleurs et supprime les tensions.

Lit. : 2 **Disp.** : rare ❍

Albite (Feldspath)

Minéralogie : feldspath de sodium (tectosilicate, triclinique, primaire)

Indications : (S) perception, élargissement de l'horizon ; (A) procure allègement, ouverture et étendue ; (M) améliore la perception, aide à entrevoir de nouvelles perspectives de vie ; (P) pour la mobilité musculaire, la souplesse des tissus et une peau saine.

Lit. : 2 **Disp.** : faible ❍

Alexandrite

Minéralogie : variété de chrysobéryl chromifère qui change de couleur (orthorhombique, tertiaire)

Indications : (S) médiumnité et force de volonté ; (A) intensifie les rêves et la perception des sentiments ; (M) stimule l'imagination, la prise de risques et la perception de la voix intérieure ; (P) utile en cas de troubles nerveux et de troubles sensoriels ; atténue les états inflammatoires, stimule la fonction hépatique.

Lit. : 1 / 2 **Disp.** : très rare ❍

Alunite, (Alun)

Minéralogie : sulfate basique d'aluminium et de potassium (rhomboédrique, tertiaire)

Indications : (S) bien-être, humilité ; (A) dissipe les mauvaises humeurs, les peurs et les culpabilités ; (M) favorise le contentement et l'attitude réservée ; (P) combat les inflammations chroniques, les eczémas et les éruptions cutanées et protège des rayons.

Lit. : 2 **Disp.** : faible ❍

Amazonite (Feldspath)

Minéralogie : feldspath potassique (tectosilicate, triclinique, primaire / tertiaire)

Indications : (S) détermination de son propre destin ; (A) équilibre l'humeur ; (M) harmonie régnant entre la raison et l'intuition ; (P) régule les troubles du métabolisme (foie), harmonise le cerveau, le système nerveux végétatif, les organes internes ; aide à l'accouchement.

Lit. : 1 / 2 **Disp.** : bonne ❍

Ambre

Minéralogie : résine fossilisée (organique, amorphe, secondaire)

Indications : (S) insouciance ; (A) pour la gaieté et la confiance ; (M) renforce la confiance en soi ; (P) bon pour l'estomac, la rate, la vésicule, le foie, les articulations, la peau, les muqueuses, les glandes et l'intestin, facilite la pousse des dents chez les enfants, aide en cas d'allergies, de rhumatisme et de diabète.

Lit. : 1 / 2 / 3 / 4 **Disp.** : très bonne ❍

Améthyste claire

Minéralogie : cristal de quartz d'un violet clair (rhomboédrique, primaire)

Indications : (S) spiritualité, paix, clarification, méditation ; (A) pour l'intuition, pour faire de beaux rêves parfaitement clairs, améliore la qualité du sommeil ; (M) favorise la perception consciente et l'assimilation des expériences ; (P) excellent contre les maux de tête, pour les poumons, la peau et les nerfs.

Lit. : 1 / 2 / 3 / 4 **Disp.** : très bonne ❍

Améthyste d'encre

Minéralogie : cristal de quartz d'un violet très foncé (rhomboédrique, primaire)

Indications : (S) véracité, sens de la justice ; (A) force de volonté, dépassement des douleurs, du deuil et de la perte ; (M) favorise la concentration, permet de se protéger des influences extérieures ; (P) atténue les douleurs, les contusions et les œdèmes, agit contre les diarrhées.

Lit. : 1 / 2 / 3 / 4 **Disp.** : rare ❍

Améthyste foncée

Minéralogie : cristal de quartz d'un violet foncé (rhomboédrique, primaire)

Indications : (S) éveil, sens de la justice, paix intérieure ; (A) dépassement du deuil et de la perte ; (M) conscience des choses, discernement, pensée et action constructives ; (P) excellent pour la peau ; atténue les douleurs et les tensions, combat l'hypertension.

Lit. : 1 / 2 / 3 / 4 **Disp.** : bonne ❍

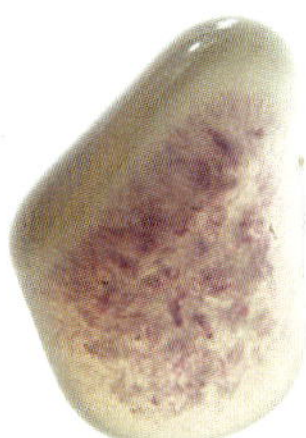

Améthyste sur calcédoine

Minéralogie : améthyste sur des couches de calcédoine (rhomboédrique, primaire)

Indications : (S) réconciliation, paix, bonté ; (A) favorise la sensation de bonheur et l'impression d'aimer le monde entier ; (M) aide à se réconcilier avec soi-même et à favoriser la réconciliation entre les gens ; (P) nettoie les liquides du corps et harmonise l'ensemble de l'organisme.

Lit. : 1 **Disp.** : rare ❍

Amétrine

Minéralogie : cristal de quartz jaune et violet (rhomboédrique, primaire)

Indications : (S) grande sérénité, existence bien remplie ; (A) optimisme, joie de vivre, bien-être ; (M) créativité et élan dans tous les domaines ; (P) procure une tension corporelle équilibrée, harmonise le système nerveux végétatif et le métabolisme.

Lit. : 1 / 2 **Disp.** : rare ❍

Ammolite (Korite ou Calcentine)

Minéralogie : coquille d'ammonite très irisée avec aragonite (orthorhombique, secondaire)

Indications : (S) harmonie, dignité, magnificence ; (A) favorise la perception de la beauté, la stimulation séductrice, l'attirance ; (M) suscite l'intérêt pour les secrets, dissipe les fixations mentales ; (P) normalise le métabolisme cellulaire, le bilan énergétique, le rythme cardiaque et renforce le cœur.

Lit. : inconnue **Disp.** : très rare ❍

Andalousite
Minéralogie : nésosilicate d'aluminium (orthorhombique, primaire / tertiaire)
Indications : (S) identité, découverte de la mission de vie ; (A) favorise la confiance en soi et la générosité ; (M) aide à penser en grand et de manière réaliste simultanément ; (P) favorise la désacidification, combat les troubles gastriques et intestinaux, agit comme reconstituant en cas d'état de faiblesse.
Lit. : 2 **Disp.** : faible ❍

Anhydrite (Angélite)
Minéralogie : sulfate de calcium anhydre (orthorhombique, secondaire)
Indications : (S) stabilité, endurance ; (A) aide à traverser des situations psychiques extrêmes et à dépasser le sentiment d'incertitude; (M) dissipe les états de cogitation mentale inutile et les idées fixes ; (P) stimule la fonction rénale, équilibre l'hydratation du corps et facilite l'élimination des œdèmes.
Lit. : 2 **Disp.** : faible ❍

Anthophyllite
Minéralogie : roche d'anthophyllite et de staurolite (orthorhombique, tertiaire)
Indications : (S) estime de soi, reconnaissance ; (A) supprime le stress et la pression causée par soi-même ; (M) aide à faire exister son intérêt propre et à le préserver ; (P) aide en cas de troubles nerveux ainsi qu'en cas de troubles des reins et des oreilles.
Lit. : 2 **Disp.** : faible ❍

Antimonite (Stibine)
Minéralogie : sulfure d'antimoine gris foncé (orthorhombique, primaire)
Indications : (S) harmonie entre les intérêts personnels et les idéaux supérieurs ; (A) aide à se défaire d'habitudes nuisibles ; (M) favorise le dépassement d'idées limitantes ; (P) aide en cas de troubles digestifs (estomac), de problèmes de gencives et de peau (pellicules).
Lit. : 1 / 2 / 3 **Disp.** : faible ❍

Apatite bleue

Minéralogie : phosphate de calcium, bleu (hexagonal, le plus souvent tertiaire)

Indications : (S) motivation ; (A) stabilise, aide en cas d'état léthargique après un fort épuisement ; (M) favorise l'autonomie et l'ambition ; (P) reconstituant, désacidifiant, combat le rachitisme, l'arthrose, l'ostéoporose et aide à la guérison des fractures.

Lit. : 1 / 2 / 3 **Disp.** : faible ❍

Apatite jaune

Minéralogie : phosphate de calcium, jaune (hexagonal, le plus souvent primaire)

Indications : (S) élan ; (A) rend extraverti, procure du dynamisme et de l'élan, aide à sortir de l'apathie ; (M) rend optimiste et confiant ; (P) donne de l'appétit, mobilise les forces de réserve, améliore la posture, aide en cas de troubles osseux, articulaires ou cartilagineux.

Lit. : 1 / 2 / 3 **Disp.** : rare ❍

Apatite verte

Minéralogie : phophate de calcium, vert (hexagonal primaire / tertiaire)

Indications : (S) ouverture aux autres ; (A) vivifie, aide en cas d'état léthargique après un fort épuisement ; (M) favorise un mode de vie tourné vers le changement ; (P) a un effet reconstituant, désacidifie, favorise la formation cartilagineuse osseuse et dentaire, utile en cas de fractures.

Lit. : 1 / 2 / 3 **Disp.** : faible ❍

Apophyllite incolore

Minéralogie : phyllosilicate hydraté (quadratique, primaire)

Indications : (S) franchise, droiture ; (A) aide à dépasser la sensation d'insécurité et à montrer ouvertement qui l'on est (M) aide à se débarrasser des soucis, des emprisonnements et des schémas de pensée ; (P) combat les problèmes de la peau de la respiration et des muqueuses, aide en cas d'allergies et d'asthme.

Lit. : 1 / 2 / 3 **Disp.** : bonne ❍

Apophyllite verte

Minéralogie : phyllosilicate hydraté (quadratique, primaire)

Indications : (S) libération, droiture (A) aide à combattre les peurs, la pression et la sensation d'oppression, libère les sentiments refoulés ; (M) procure un rayon d'espoir salvateur en cas de pression extrême ; (P) aide en cas de troubles nerveux et respiratoires, de problèmes dermatologiques d'allergie et d'asthme.

Lit. : 1 / 2 / 3 **Disp.** : rare ❍

Aragonite - Calcite rubanée

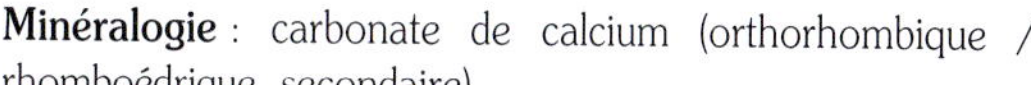

Minéralogie : carbonate de calcium (orthorhombique / rhomboédrique, secondaire)

Indications : (S) croissance, soulagement ; (A) aide en cas de surménage, a un effet apaisant et reconstituant ; (M) aide à rester dans le coup même en cas de situation de dépassement ; (P) aide à combattre les troubles gastriques et intestinaux, les problèmes liés aux disques vertébraux, aux articulations et au ménisque.

Lit. : 2 **Disp.** : bonne ❍

Aragonite blanche

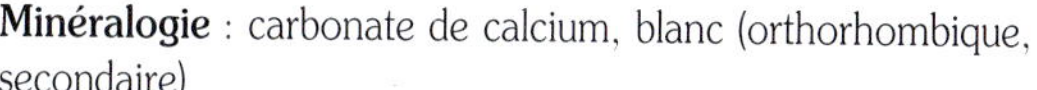

Minéralogie : carbonate de calcium, blanc (orthorhombique, secondaire)

Indications : (S) développement stable ; (A) aide à combattre l'hypersensibilité, stabilise des évolutions trop rapides ; (M) favorise la concentration, modère l'inconstance ; (P) atténue les tremblements nerveux, fortifie les muscles, les os, les disques vertébraux, le système immunitaire et la digestion.

Lit. : 1 / 2 / 3 **Disp.** : faible ❍

Astrophyllite

Minéralogie : sorosilicate basique (triclinique, primaire)

Indications : (S) inspiration, véracité ; (A) perception des besoins, vivacité onirique ; (M) confrontation à des problèmes non réglés, franchise, capacité d'expression ; (P) pour le gros intestin et le système hormonal, utile en cas de troubles menstruels ou de ceux de la ménopause.

Lit. : 2 **Disp.** : faible ❍

Augite

Minéralogie : inosilicate du groupe des pyroxènes (monoclique, primaire)

Indications : (S) contenance, constance ; (A) permet de dissiper la sensation de pression et de charge excessive, procure une impression de sécurité intérieure ; (M) entretient la défense consciente par rapport à des influences réprimantes ; (P) en cas de troubles digestifs et de problèmes de dos, résultant en particulier d'une pression psychologique.

Lit. : 2 **Disp.** : faible ❍

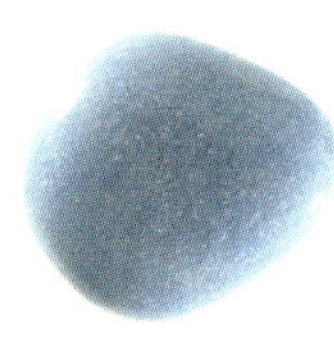

Aventurine bleue (groupe de quartz bleu)

Minéralogie : quartz scintillant de couleur bleue (rhomboédrique, primaire)

Indications : (S) sérénité ; (A) détend, apaise, atténue les états de nervosité ; (M) aide à une approche tranquille mais néanmoins conséquente des projets intéressants ou nécessaires ; (P) calme les douleurs et les tensions chroniques rafraichit et fait baisser la fièvre.

Lit. : 2 **Disp.** : bonne ❍

Aventurine orange (Quartz)

Minéralogie : quartz scintillant de couleur orange, contenan de l'hématite (rhomboédrique, primaire)

Indications : (S) sérénité ; (A) favorise une bonne humeur (M) incite à vivre ses propres rêves, favorise un état d'éve détendu ; (P) stimule l'hématopoïèse et l'irrigation sanguine réchauffe et vivifie les parties du corps insensibles, fortifie l foie et les sens.

Lit. : 2 **Disp.** : faible ❍

Aventurine rouge

Minéralogie : quartz scintillant de couleur framboise, ferrifèr (rhomboédrique, le plus souvent primaire)

Indications : (S) recueillement ; (A) procure force et sécurit intérieure ; (M) favorise la poursuite pragmatique et réfléchi de ses propres buts jusqu'au succès ; (P) stimule la circulatior l'irrigation, les nerfs et la perception sensorielle, et augment la puissance sexuelle.

Lit. : 2 **Disp.** : faible ❍

Aventurine verte (Quartz)

Minéralogie : quartz scintillant de couleur verte, contenant de la fuchsite (rhomboédrique, primaire)

Indications : (S) insouciance ; (A) aide en cas de nervosité, de stress et de troubles du sommeil ; (M) aide à se débarrasser d'idées préconçus et de ses soucis ; (P) prévient des infarctus et de l'artériosclérose, atténue les éruptions, les inflammations, les coups de soleil et les coups de chaleur.

Lit. : 1 / 2 / 3 **Disp.** : très bonne ❍

Azurite

Minéralogie : carbonate de cuivre, basique (monoclinique, secondaire)

Indications : (S) comphréhension profonde, expérience ; (A) révèle et libère des préjugés acceptés sans réfléchir; (M) rend réfléchi et critique, favorise la conscience des choses et la connaissance de soi ; (P) stimule le foie, le cerveau, les nerfs et la thyroïde, améliore les réactions.

Lit. : 1 / 2 **Disp.** : Bonne ❍

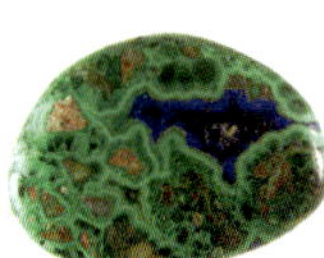

Azurite - Malachite

Minéralogie : carbonate de cuivre, basique (monoclinique, secondaire)

Indications : (S) harmonie, intérêt ; (A) ouvre sur les autres, rend serviable et équilibre les états de déchirements intérieurs ; (M) harmonise raison et sentiment, aide à résoudre les conflits ; (P) régule la croissance disharmonieuse des cellules, combat les crampes, fortifie le foie et détoxique.

Lit. : 1 / 2 **Disp.** : rare ❍

Azurite - pseudomalachite

Minéralogie : carbonate ou phosphate de cuivre (monoclinique,secondaire)

Indications : (S) confiance en soi ; (A) aide en cas de tensions, de nervosité, de susceptibilité, ainsi qu'en cas de peur de voir revenir des troubles récurrents ; (M) aide à transformer les pensées paralysantes ; (P) combat les crampes, aide en cas d'asthme, de troubles gastriques et nerveux.

Lit. : inconnue **Disp.** : très rare ❍

Baryte (Barytine)
Minéralogie : sulfate de baryum (orthorhombique, primaire ou secondaire)
Indications : (S) limitation, importance ; (A) clarifie dans la confusion, aide en cas de timidité et de soucis ; (M) améliore la mémoire, aide à formuler les idées et les mots ; (P) favorise la bonne posture, aide en cas de maux de gorge et de maux d'estomac, soulage également les personnes très frileuses.
Lit. : 2 **Disp.** : faible ❍

Béryl doré
Minéralogie : béryl jaune doré (cyclosilicate, hexagonal, primaire)
Indications : (S) confiance ; (A) procure espoir et joie de vivre, atténue l'irritabilité et la nervosité, soulage de charges trop lourdes ; (M) aide à accepter ce qui ne peut être changé et à améliorer ce qui peut l'être ; (P) fortifie les nerfs, les yeux, l'estomac, la rate et le pancréas.
Lit. : 1 / 2 / 4 **Disp.** : très rare ❍

Béryl incolore (Goshenite)
Minéralogie : cyclosilicate de béryllium et d'aluminium (hexagonal, primaire)
Indications : (S) forte ambition, efficacité ; (A) favorise la patience, l'endurance, la discipline et la franchise ; (M) favorise l'apprentissage concentré, l'esprit consciencieux et la démarche systématique ; (P) aide en cas de myopie et de presbytie, fortifie les nerfs, atténue les nausées et les douleurs.
Lit. : 1 / 2 / 3 / 4 **Disp.** : très rare ❍

Béryl rouge (Bixbite)
Minéralogie : béryl contenant du manganèse et du lithium (hexagonal, primaire)
Indications : (S) force, dynamique ; (A) aide en cas de manque d'entrain, de trop grande sollicitation et de disputes ; (M) procure de l'élan lorsque des choses désagréables ont été différées pendant longtemps ; (P) stimule la circulation et les nerfs, apporte un soutien face aux conséquences d'une longue période de stress.
Lit. : 2 / 4 **Disp.** : très rare ❍

Béryl vert

Minéralogie : béryl contenant du vanadium (hexagonal, primaire)

Indications : (S) esprit consciencieux, confiance ; (A) aide en cas de manque de courage et de désespoir ; (M) stimule pour faire ce qui est apparemment irréalisable ; (P) fortifie la fonction hépatique et la fonction du parenchyme, détoxique et aide en cas d'inflammation et de processus dégénératifs.

Lit. : 1 / 2 / 3 / 4 **Disp.** : rare ❍

Bois pétrifié (Peanut Wood)

Minéralogie : bois fossile avec des passages de vers (rhomboédrique, secondaire)

Indications : (S) satisfaction ; (A) crée du bien-être et permet de prendre la vie comme elle est ; (M) aide à se servir des changements venant de l'extérieur pour la réalisation de ses propres objectifs ; (P) calme les nerfs, aide en cas de surpoids résultant d'un « enracinement insuffisant ».

Lit. : 1 / 2 / 3 **Disp.** : faible ❍

Bois pétrifié, opalisé

Minéralogie : bois fossile transformé en opale (amorphe, secondaire)

Indications : (S) acquiescement à la vie ; (A) rend ouvert et vivant tout en procurant un inébranlable équilibre intérieur ; (M) aide à voir les côtés positifs et agréables de la vie ; (P) donne de l'appétit, stimule la digestion, le drainage et l'élimination.

Lit. : 1 / 2 / 3 **Disp.** : faible ❍

Bois pétrifié, silicifié

Minéralogie : bois fossile transformé en quartz (rhomboédrique, secondaire)

Indications : (S) enracinement ; (A) stabilise et « enracine » ; (M) aide à bien se placer sur le terrain des réalités ; (P) stimule la digestion et le métabolisme, fortifie les nerfs, aide en cas de surpoids résultant d'un « enracinement insuffisant ».

Lit. : 1 / 2 / 3 **Disp.** : faible ❍

Boji, Pop-Rocks

Minéralogie : nodules de pyrite enrobés de limonite (cubique / orthorhombique, secondaire)

Indications : (S) flux d'énergie ; (A) renforcent les émotion et les humeurs ; (M) aident à identifier les schémas limitatifs (P) servent de médecine préventive, éliminent sans douleur le blocages légers, permettent de conscientiser les blocages plu lourds, favorisent nettoyage et élimination.

Lit. : 1 / 2 **Disp.** : très rare

Brazilianite

Minéralogie : phosphate basique, anhydre (monoclinique primaire)

Indications : (S) être conduit par le moi supérieur ; (A) aid en cas de cauchemars, de peurs et d'insomnie ; (M) permet d considérer les choses d'un niveau plus élevé; (P) atténue le douleurs récurrentes, même les troubles menstruels.

Lit. : 2 **Disp.** : rare

Bronzite

Minéralogie : inosilicate du groupe des pyroxène (orthorhombique, primaire)

Indications : (S) sérénité intérieure ; (A) procure élan et, e même temps, calme intérieur ainsi qu'une sensation de repo en cas de grande fatigue ; (M) aide à garder l'esprit clair et maîtrise de soi-même en situation de stress permanent (P) fortifie les nerfs, est antispasmodique et analgésique.

Lit. : 2 / 3 **Disp.** : bonne

Bustamite

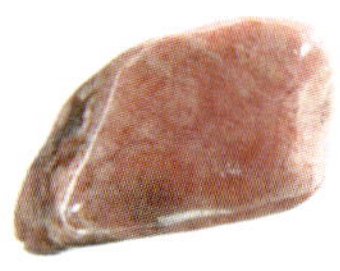

Minéralogie : wollastonite manganifère (triclinique, tertiaire

Indications : (S) enracinement, force intérieure ; (A) favori la capacité à s'engager, et l'acceptation du côté corpore (M) aide à se concentrer et à canaliser ses pensées ; (P) fav rise la motricité ainsi que la perception de ses jambes et de s pieds.

Lit. : 2 **Disp.** : rare

Cacoxénite (Quartz-Goethite)
Minéralogie : cristal de quartz avec des inclusions de goethite (rhomboédrique / orthorhombique, primaire)
Indications : (S) impartialité ; (A) atténue les peurs, les sensations d'oppression et les préjugés ; (M) aide à se détourner de problèmes momentanément insolubles ; (P) aide en cas de toux, de rhume, de grippe et d'infections respiratoires pouvant aller jusqu'à la pneumonie.
Lit. : 2 **Disp.** : rare ❍

Calcaire oolithique (Margarita)
Minéralogie : roche formée de petites sphères de calcaire (rhomboédrique / orthorhombique, secondaire)
Indications : (S) purification ; (A) procure un doux soulagement général, permet de dormir d'un trait sans se réveiller ; (M) libère des idées omniprésentes et des « casse-têtes » ; (P) fait baisser la fièvre, détoxique, décrasse et atténue les maux de tête provoqués par le métabolisme.
Lit. : 1 / 2 **Disp.** : faible ❍

Calcaire ruiniforme (Paesine)
Minéralogie : roche calcaire (carbonate de calcium, rhomboédrique, secondaire)
Indications : (S) sens de la communauté ; (A) fortifie le sens communautaire, la fidélité et la cohésion ; (M) favorise le travail d'équipe et le consensus ; (P) stimule le métabolisme du calcium et fortifie les voies respiratoires, le gros intestin, le tissu conjonctif et les os.
Lit. : 2 **Disp.** : faible ❍

Calcédoine (Chrome-Calcédoine)
Minéralogie : calcédoine au chrome (quartz, rhomboédrique, secondaire)
Indications : (S) insouciance ; (A) favorise une sensation de vie sans complications, aide à surmonter soucis et contrariétés ; (M) aide à rester ouvert aux nouvelles idées ; (P) est anti-inflammatoire, même en cas de maladies rhumatismales et de polyarthrite.
Lit. : 1 / 2 **Disp.** : faible ❍

Calcédoine bleue

Minéralogie : quartz fibreux (rhomboédrique, primaire / secondaire)

Indications : (S) : présence d'esprit ; (A) aide à accepter des situations nouvelles et à éliminer des résistances ; (M) procure du calme intérieur et de l'attention détendue ; (P) stimule la sécrétion de lait chez les femmes allaitantes, aide en cas de sensibilité aux variations météorologiques, atténue le diabète.

Lit. : 1 / 2 / 3 / 4 **Disp.** : bonne ❍

Calcédoine bleue, rubanée

Minéralogie : quartz fibreux, (dioxyde de silicium, rhomboédrique, primaire)

Indications : (S) communication ; (A) favorise l'art oratoire et l'expression personnelle ; (M) aide à écouter, à comprendre et à se communiquer ; (P) stimule le flux de la lymphe, la thyroïde, les reins et la vessie, aide en cas d'aphonie, de refroidissement et d'allergies, fait baisser la tension et la fièvre.

Lit. : 1 / 2 / 3 / 4 **Disp.** : très bonne ❍

Calcédoine cuprifère

Minéralogie : calcédoine contenant du cuivre (rhomboédrique, secondaire)

Indications : (S) capacité à savourer, harmonie ; (A) apporte plaisir des sens, franchise et amabilité ; (M) favorise le discernement, la tolérance, l'impartialité et le sens de l'esthétique ; (P) détoxique, freine les inflammations, aide en cas de mycose et renforce le système immunitaire.

Lit. : 1 / 2 **Disp.** : rare ❍

Calcédoine dendritique

Minéralogie : calcédoine à dendrites de manganèse (rhomboédrique, primaire/secondaire)

Indications : (S) désaccoutumance ; (A) libère de mécanismes inconscients, d'habitudes et de certains états d'âme ; (M) favorise la pensée et l'écoute précises ; (P) stimule la purification de la lymphe, des muqueuses et des voies respiratoires atténue les conséquences du tabac.

Lit. : 1 / 2 **Disp.** : bonne ❍

Calcédoine girasol

Minéralogie : mélange de calcédoine et d'opale (amorphe / trigonale, primaire)

Indications : (S) séparation, détachement ; (A) fait disparaître l'agitation, l'insatisfaction et la nostalgie par la mise au jour de parties cachées de la conscience ; (M) permet de prendre conscience de ses désirs et de ses besoins ; (P) élimine les tensions, les nodules et les ganglions lymphatiques.

Lit. : 2 **Disp.** : rare ❍

Calcédoine jaune (Cornaline jaune)

Minéralogie : calcédoine contenant de la limonite (quartz, rhomboédrique, primaire)

Indications : (S) sans prétention ; (A) aide à se satisfaire de peu, favorise le contentement et la joie ; (M) donne de la persévérance dans les pensées et les actions, aide à trouver des solutions simples ; (P) aide en cas de troubles circulatoires, fortifie la digestion et l'élimination.

Lit. : 2 **Disp.** : bonne ❍

Calcédoine rose

Minéralogie : calcédoine manganifère (quartz, rhomboédrique, secondaire)

Indications : (S) chaleur du cœur ; (A) apporte vivacité, bonté et disponibilité ; (M) favorise la franchise et la compréhension ; (P) stimule la sécrétion de lait pour l'allaitement, aide en cas de diabète, de refroidissement et de maladies cardiaques comme conséquence d'infections non soignées.

Lit. : 1 / 2 / 3 **Disp.** : bonne ❍

Calcédoine rouge

Minéralogie : calcédoine ferrifère (quartz, rhomboédrique, secondaire)

Indications : (S) ressort, flexibilité ; (A) favorise la force, la vitalité et l'élasticité ; (M) fortifie les intentions, permet de rester flexible sans oublier son propre point de vue ; (P) stabilise la circulation, stimule la coagulation sanguine et favorise la cicatrisation.

Lit. : 1 / 2 **Disp.** : bonne ❍

Calcédoine verte
Minéralogie : calcédoine aux silicates de fer (rhomboédrique, secondaire)
Indications : (S) égards, considération ; (A) favorise un rapport plein d'égards avec soi-même et les autres ; (M) aide à ménager ses propres forces ; (P) renforce les défenses immunitaires, améliore la sensation corporelle, aide en cas d'infections, stimule les sens.
Lit. : 1 / 2 **Disp.** : faible ❍

Calcite blanche
Minéralogie : carbonate de calcium (rhomboédrique, secondaire)
Indications : (S) développement ; (A) favorise le développement psychique ; (M) rend la pensée et l'action plus sûres et plus rapides ; (P) stimule le métabolisme ainsi que la croissance chez les enfants, fortifie les muqueuses, la peau, l'intestin, le tissu conjonctif, les os et les dents.
Lit. : 21 / 2 / 3 / 4 **Disp.** : très bonne ❍

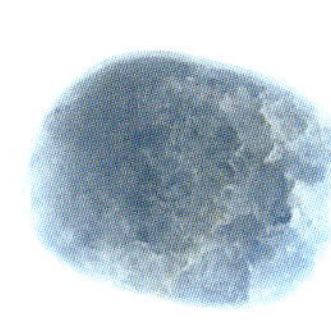

Calcite bleue
Minéralogie : carbonate de calcium, bleu (rhomboédrique secondaire)
Indications : (S) discernement ; (A) apaise, procure une stabilité intérieure et donne de l'assurance ; (M) améliore la mémoire et le discernement ; (P) bon pour la lymphe, les muqueuses, la peau, le gros intestin, le tissu conjonctif, les os et les dents.
Lit. : 1 / 2 / 3 / 4 **Disp.** : bonne ❍

Calcite couleur miel (Calcite miel)
Minéralogie : carbonate de calcium, ferrifère (rhomboédrique, secondaire)
Indications : (S) certitude ; (A) favorise une attitude sûre et confiante par rapport à la vie ; (M) incite à s'en remettre davantage à ses propres sensations et à son propre ressenti (P) stimule la digestion, le métabolisme et l'élimination, fortifie l'intestin, le tissu conjonctif, les os et les dents.
Lit. : 1 / 2 / 3 / 4 **Disp.** : bonne ❍

Calcite jaune (Calcite citron)

Minéralogie : carbonate de calcium, ferrifère (rhomboédrique, secondaire)

Indications : (S) estime de soi ; (A) permet d'être plus sûr de soi, d'avoir de la confiance en soi et de la joie de vivre ; (M) favorise la fermeté dans des situations de confrontation ; (P) stimule la digestion, l'alimentation et le métabolisme, fortifie la peau, le tissu conjonctif, les os et les dents.

Lit. : 1 / 2 / 3 / 4 **Disp.** : très bonne ❍

Calcite orange

Minéralogie : carbonate de calcium, ferrifère (rhomboédrique, secondaire)

Indications : (S) confiance en soi ; (A) renforce le respect de soi et la confiance en ses propres facultés ; (M) favorise l'optimisme sans quitter le terrain des réalités ; (P) stimule la digestion et la guérison du tissu conjonctif, de la peau et des os.

Lit. : 1 / 2 / 3 / 4 **Disp.** : très bonne ❍

Calcite rose (Calcite manganifère)

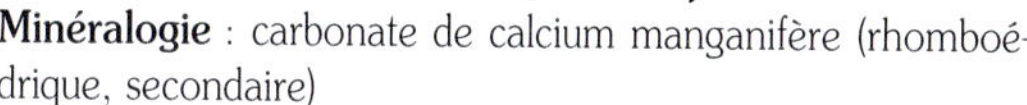

Minéralogie : carbonate de calcium manganifère (rhomboédrique, secondaire)

Indications : (S) amabilité ; (A) favorise la chaleur, l'acceptation et la disponibilité ; (M) aide à aller vers les autres de manière avenante et bienveillante ; (P) fortifie le cœur, normalise le rythme cardiaque, bon pour le tissu conjonctif, les vaisseaux sanguins et la peau.

Lit. : 1 / 2 / 3 / 4 **Disp.** : bonne ❍

Calcite rouge

Minéralogie : carbonate de calcium ferrifère (rhomboédrique, secondaire)

Indications : (S) dépassement de soi ; (A) aide à dépasser le manque d'entrain et d'envie ; (M) incite à réaliser des idées courageusement et avec succès ; (P) favorise la croissance, fortifie l'immunité, stimule la coagulation et la cicatrisation et améliore la qualité sanguine.

Lit. : 1 / 2 / 3 / 4 **Disp.** : bonne ❍

Calcite verte

Minéralogie : carbonate de calcium, vert (rhomboédrique secondaire)

Indications : (S) imagination ; (A) facilite le lâcher prise de sentiments bloquants ; (M) rend plus ouvert et plus intéress par ce qui se passe, aide à concrétiser les idées ; (P) calme le inflammations, favorise la détoxication, aide à combattre le troubles du foie et de la vésicule biliaire.

Lit. : 1 / 2 / 3 / 4 **Disp.** : très bonne

Cassitérite

Minéralogie : oxyde d'étain (groupe des rutiles, quadratique primaire / tertiaire)

Indications : (S) grandeur, accomplissement ; (A) favoris une générosité adéquate ; (M) aide à percevoir simultanémer beaucoup de choses sans les juger et à réaliser ses rêves (M) aide en cas de manque d'appétit, d'amaigrissement ou d surpoids, régule le système nerveux et hormonal.

Lit. : 2 **Disp.** : rare

Cavansite

Minéralogie : phyllosilicate de calcium et de vanadiu (orthorhombique, primaire)

Indications : (S) respect de soi, sens de l'esthétique (A) encouragement, acceptation de la vie, confiance (M) inspiration, capacité d'apprendre, pensée logique (P) purification et régénération, utile en cas de troubles rénau ou urinaires et d'acouphènes (tinnitus).

Lit. :2 **Disp.** : rare

Célestine

Minéralogie : sulfate de strontium (orthorhombique, seco daire / rarement primaire)

Indications : (S) soulagement et stabilité ; (A) aide en cas sensations de pesanteur, de gêne, d'oppression et d'impu sance ; (M) structure la vie, la pensée et le travail ; (P) dissi les tensions chroniques et fait disparaître les nodules dans l tissus, les organes et les os.

Lit. :2 **Disp.** : bonne

Chalcopyrite

Minéralogie : sulfure de cuivre et de fer (quadratique, primaire, secondaire et tertiaire)

Indications : (S) curiosité, expérience ; (A) met en lumière les causes des problèmes et des maladies ; (M) favorise le désir de comprendre la vie, améliore le don de l'observation et la pensée systématique ; (P) favorise la purification et l'élimination (intestin).

Lit. : 2 **Disp.** : bonne ❍

Chalcopyrite-Néphrite

Minéralogie : mélange de chalcopyrite et de néphrite (quadratique / monoclinique, tertiaire)

Indications : (S) compréhension, expérience ; (A) met en relief les zones d'ombre indésirables et aide à les accepter ou à les transformer ; (M) aide à apprendre à partir des fautes (l'expérience rend intelligent) ; (P) favorise la purification et l'élimination par les reins et les intestins.

Lit. : 2 **Disp.** : rare ❍

Charoïte

Minéralogie : phyllosilicate riche en minéraux (monoclinique, tertiaire)

Indications : (S) résolution, énergie ; (A) rend serein, aide à dépasser les contraintes et les résistances ; (M) aide à prendre des décisions importantes et à faire face à une montagne de travail ; (P) calme les nerfs, atténue les douleurs et élimine les crampes.

Lit. : 1 / 2 **Disp.** : faible ❍

Chiastolite

Minéralogie : nésosilicate d'aluminium avec carbone (orthorhombique, tertiaire)

Indications : (S) identité, réalisation de la mission de vie ; (A) aide à dissiper les peurs et les culpabilités ; (M) favorise le sens des réalités et la sobriété ; (P) atténue l'hyperacidité, les rhumatismes et la goutte, aide en cas d'épuisement, d'états de faiblesse et de phénomènes de paralysie.

Lit. : 1 / 2 **Disp.** : rare ❍

Chloromélanite

Minéralogie : cristal formé de diopside, de jadéite et d'aegirine (monoclinique, tertiaire)

Indications : (S) équilibre, tolérance, attention ; (A) transforme la mauvaise humeur, favorise le bien-être et la confiance ; (M) aide à accepter ce qui est immuable ; (P) atténue les douleurs, fortifie les nerfs, apporte de nouvelles forces et de la vitalité ; aide en cas de troubles rénaux.

Lit. : 2 **Disp.** : rare ❍

Chromdiopside

Minéralogie : diopside chromifère, (inosilicate, monoclinique, tertiaire)

Indications : force d'esprit, inspiration ; (A) incite à avoir une approche ludique de l'existence, apporte vivacité, harmonie et joie de vivre ; (M) favorise l'imagination et la créativité ; (P) fortifie les reins, les nerfs et les sens, atténue les inflammations locales.

Lit. : 2 **Disp.** : rare ❍

Chrysobéryl

Minéralogie : oxyde d'aluminium et de béryllium (orthorhombique, primaire / tertiaire)

Indications : (S) maîtrise de soi, discipline ; (A) en cas d'angoisse, de sensation d'oppression, de stress, de nervosité, d'hyperactivité ; (M) favorise la concentration, la capacité à apprendre et la pensée stratégique ; (P) en cas de troubles nerveux, linguistiques, sensoriels et de bégaiement ; stimule le foie.

Lit. : 1 / 2 / 3 **Disp.** : rare ❍

Chrysobéryl œil-de-chat

Minéralogie : chrysobéryl avec œil-de-chat (orthorhombique, tertiaire)

Indications : (S) libre arbitre, conviction ; (A) favorise l'assurance, la conscience de soi et l'autorité ; (M) aide à s'en tenir fermement à ses convictions et à convaincre les autres (P) fortifie le foie, le cerveau, les sens et le système immunitaire.

Lit. : 1 / 2 / 3 **Disp.** : rare ❍

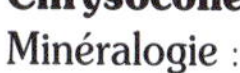

Chrysocolle

Minéralogie : cyclosilicate de cuivre, hydraté (monoclinique, secondaire)

Indications : (S) équilibre ; (A) en cas de stress et de changements d'humeur ; (M) aide à garder la tête froide ; (P) fortifie le foie, détend, aide en cas d'infections, de mal de gorge, de brûlures, de cicatrices, de fièvre, de crampes et de troubles menstruels.

Lit. : 1 / 2 / 3 **Disp.** : bonne ❍

Chrysocolle-Calcédoine (Gem silica)

Minéralogie : chrysocolle dans de la calcédoine (monoclinique / rhomboédrique, secondaire

Indications : (S) sensibilité ; (A) calme la nervosité et la surexcitation ; (M) affine la perception, favorise le sens de l'esthétique ; (P) stimule les sens, aide en cas d'infections, de fièvre et de crampes, favorise la détoxication, stimule le foie et les reins, fait baisser la fièvre et la tension artérielle.

Lit. : 2 **Disp.** : très rare ❍

Chrysoprase citron (Nickel-Magnésite)

Minéralogie : mélange de nickel, de magnésite et de calcédoine (rhomboédrique, secondaire)

Indications : (S) acquiescement à la vie, franchise ; (A) réconfort, aide à dépasser la solitude et les inhibitions ; (M) autocritique, esprit et ruse ; (P) draine les scories, permet de combattre l'hyperacidité ainsi que les courbatures et les effets d'un effort excessif.

Lit. : 2 **Disp.** : rare ❍

Chrysoprase

Minéralogie : calcédoine au nickel (quartz rhomboédrique, secondaire)

Indications : (S) détoxication ; (A) favorise la confiance et la sécurité, aide en cas de déception amoureuse, de jalousie, de cauchemars ; (M) aide à clarifier des problèmes relationnels ; (P) élimine les scories, détoxique et aide en cas d'allergies, d'épilepsie, de maladies cutanées, de mycose et de rhumatismes.

Lit. : 1 / 2 / 3 / 4 **Disp.** : bonne ❍

Cinabre (Cinnabarite)

Minéralogie : sulfure de mercure (rhomboédrique, primaire / rarement secondaire)

Indications : (S) inflexibilité ; (A) aide en cas d'inconstance, de manque de calme, de nervosité ; (M) atténue les troubles de la concentration ; (P) en cas de nodules dans les glandes et de maladies des intestins, de la peau et des muqueuses. Attention : toxique car peut contenir du mercure métallique !

Lit. : 2 **Disp.** : rare ❍

Cinabre-Opale

Minéralogie : opale avec inclusions de cinabre (amorphe / rhomboédrique, primaire)

Indications : (S) nettoyage en profondeur ; (A) aide à transformer les schémas destructeurs profondément enracinés (M) rend souple et capable d'apprendre ; (P) détoxique intensivement et évacue les métaux lourds dans l'organisme mais toutefois souvent avec une phase préliminaire d'aggravation Aide en cas d'angine et d'inflammations.

Lit. : inconnue **Disp.** : très rare ❍

Citrine

Minéralogie : cristal de quartz jaune (dioxyde de silicium rhomboédrique, primaire)

Indications : (S) courage de vivre ; (A) apporte de la joie de vivre, favorise l'expression de soi, aide en cas de dépression (M) permet d'assimiler et de comprendre des impression rencontrées ; (P) fortifie les nerfs, l'estomac, la rate et le pancréas, aide parfois en cas d'énurésie.

Lit. : 1 / 2 / 3 **Disp.** : faible ❍

Conglomérat

Minéralogie : sédiment à grains très grossiers (structure diverses, secondaire)

Indications : (S) critique et correction ; (A) améliore la sensibilité aux influences favorables et défavorables ; (M) aide à se questionner soi-même sans cesse et à corriger ses propre projets ; (P) fortifie la circulation, l'intestin grêle et la digestion.

Lit. : 2 **Disp.** : faible ❍

Conglomérat avec pyrite

Minéralogie : roche avec du quartz et de la pyrite (rhomboédrique / cubique, secondaire)

Indications : (S) autoévaluation, connaissance de soi ; (A) confronte à ses propres côtés obscures ; (M) améliore l'évaluation de ses propres forces et capacités ; (P) stimule les processus intenses de purification et d'élimination.

Lit. : 2 **Disp.** : rare ❍

Corail fossilisé (Petoskey-Stein)

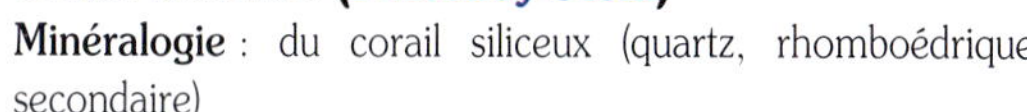

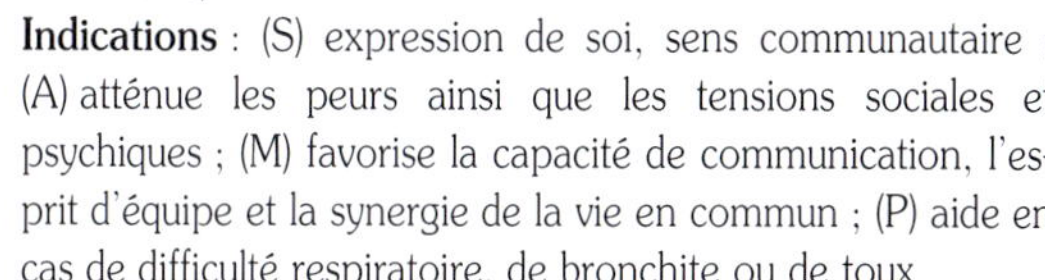

Minéralogie : du corail siliceux (quartz, rhomboédrique, secondaire)

Indications : (S) expression de soi, sens communautaire ; (A) atténue les peurs ainsi que les tensions sociales et psychiques ; (M) favorise la capacité de communication, l'esprit d'équipe et la synergie de la vie en commun ; (P) aide en cas de difficulté respiratoire, de bronchite ou de toux.

Lit. : 2 **Disp.** : rare ❍

Cordiérite (Iolite, Dichroïte, Saphir d'eau)

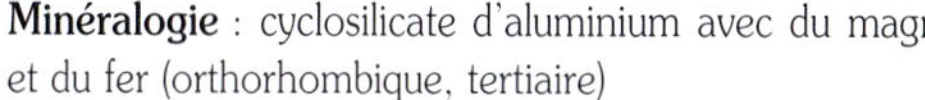

Minéralogie : cyclosilicate d'aluminium avec du magnésium et du fer (orthorhombique, tertiaire)

Indications : (S) caractère inébranlable ; (A) être sûr de soi ; capacité d'endurance dans les pires situations ; (M) aide à prendre des responsabilités et à remplir ses devoirs ; (P) fortifie les nerfs, aide en cas de paralysie et de membres engourdis, et à supporter la douleur.

Lit. : inconnue **Disp.** : bonne ❍

Cordiérite (Iolite-Pierre de soleil)

Minéralogie : cordiérite avec inclusions d'hématite (ortho - rhombique, tertiaire)

Indications : (S) force pour surmonter des difficultés ; (A) espérance dans les situations difficiles ; (M) stimule la capacité à tirer des leçons spirituelles des échecs ; (P) antispasmodique, augmente la capacité de performances, stabilise la circulation sanguine et aide en cas de faiblesse.

Lit. : inconnue **Disp.** : rare ❍

Cornaline orange

Minéralogie : calcédoine contenant de l'hématite (quartz, rhomboédrique, primaire)

Indications : (S) courage, dépassement ; (A) procure de l'élan, du courage, de la fermeté et de la bonne humeur ; (M) favorise l'idéalisme, le sens communautaire et le pragmatisme ; (P) améliore la qualité sanguine, stimule l'intestin grêle, le métabolisme et l'irrigation sanguine.

Lit. : 1 / 2 / 3 / 4 **Disp.** : faible ❍

Cornaline rubanée

Minéralogie : agate de couleur de la cornaline (quartz, rhomboédrique, primaire)

Indications : (S) stimulation, motivation ; (A) aide à dépasser les difficultés et à s'engager énergiquement pour quelque chose ; (M) favorise l'assimilation ; (P) stimule l'assimilation des sels minéraux et des vitamines dans l'intestin grêle améliore la fluidité du sang.

Lit. : 1 / 2/ 3 / 4 **Disp.** : faible ❍

Covelline

Minéralogie : sulfure de cuivre, bleu (violet s'il est mouillé) (hexagonale, secondaire)

Indications : (S) amour propre, connaissance de soi ; (A) aide en cas d'insatisfaction, d'arrogance et de vanité ; (M) aide à s'accepter tel qu'on est ; (P) améliore la sensation de son corps, procure un équilibre entre tension et détente ; améliore la digestion, la détoxication et la sexualité.

Lit. : 2 **Disp.** : rare ❍

Cristal de roche

Minéralogie : cristal de quartz, transparent (rhomboédrique primaire)

Indications : (S) clarté, neutralité ; (A) renforce le propre point de vue, améliore la mémoire ; (M) améliore la perception, rend conscient et permet d'avoir l'esprit clair (P) stimule les flux énergétiques, les nerfs, le cerveau, les glandes, atténue les douleurs et les tuméfactions.

Lit. : 1 / 2 / 3 / 4 **Disp.** : très bonne ❍

Cristal de roche (Quartz fantôme)

Minéralogie : cristal avec des étapes de croissance bien visibles (rhomboédrique, primaire)

Indications : (S) dépassement des limites ; (A) aide à dépasser les peurs, à oser faire quelque chose et à se faire confiance ; (M) aide à élargir ses propres limites conceptuelles, à penser « l'impossible » et à le réaliser ; (P) favorise la croissance et le développement du corps.

Lit. : 1 / 2 **Disp.** : bonne ❍

Cristal de roche (Cristal d'évacuation d'énergie)

Minéralogie : cristal avec une surface de la pointe très grande (rhomboédrique, primaire)

Indications : (S) atténuation ; (A) laisse s'échapper les tensions, rafraîchit et fortifie sur un plan émotionnel ; (M) aide à détacher l'attention figée sur quelque chose et à mieux percevoir son environnement ; (P) fait baisser la température, détend, favorise le flux énergétique et la désintoxication.

Lit. : 2 / 3 **Disp.** : bonne ❍

Cristal de roche (Cristal d'harmonie ou d'auto-guérison)

Minéralogie : cristal ayant continué de croître par dessus sa base cassée en formant une deuxième pointe ou plusieurs petites (rhomboédrique, primaire)

Indications : (S) réparation ; (A) aide à clarifier les revers et les conflits relationnels ; (M) permet de tirer profit même d'expériences douloureuses ; (P) stimule les forces d'auto-guérison, aide en cas d'infections et de fractures.

Lit. : 2 **Disp.** : faible ❍

Cristal de roche (Cristal de collecteur)

Minéralogie : cristal qui possède une arête à la place de la pointe (rhomboédrique, primaire)

Indications : (S) recueillement ; (A) effet reconstituant, aide à rassembler ses forces et à économiser ses propres énergies ; (M) favorise l'attention tranquille et réfléchie ; (P) aide à évacuer les excès d'énergie et à faire baisser la fièvre, nettoie l'atmosphère des pièces.

Lit. : 2 **Disp.** : très bonne ❍

Cristal de roche (Cristal de transmission)

Minéralogie : une surface de la pointe du cristal est triangulaire, toutes les autres ont 7 angles (rhomboédrique, primaire)

Indications : (S) être au clair ; (A) aide à se débarrasser de la mauvaise conscience par l'aveu, l'explication et la réparation ; (M) favorise la perception de sa propre voix intérieure ; (P) améliore la communication avec le corps.

Lit. : 2 **Disp.** : rare ❍

Cristal de roche (Cristal fenêtre)

Minéralogie : un cristal qui possède une surface en losange (rhomboédrique, primaire)

Indications : (S) connaissance de soi, réflexion ; (A) permet de pénétrer dans l'intimité de sa propre âme et de développer les facultés inexplorées ; (M) aide à se regarder soi-même de manière neutre, et stimule la perception ; (P) aide à se débarrasser des blocages empêchant la guérison.

Lit. : 2 **Disp.** : rare ❍

Cristal de roche (Cristal générateur)

Minéralogie : cristal dont les 6 surfaces de la pointe se rencontrent dans une pointe parfaite (rhomboédrique, primaire)

Indications : (S) fortification ; (A) favorise une attitude intérieure sûre et droite ; (M) aide à formuler avec exactitude la pensée ainsi que la communication ; (P) canalise les flux énergétiques vers la pointe, stimule et fortifie les méridiens et les nerfs.

Lit. : 2 **Disp.** : faible ❍

Cristal de roche (Cristal médial)

Minéralogie : une surface de la pointe du cristal est très grande et montre sept angles (rhomboédrique, primaire)

Indications (S) : réceptivité ; (A) favorise l'intuition, la sensibilité et les facultés médiumniques, procure silence intérieur et ouverture ; (M) affine la perception, favorise la méditation ; (P) améliore la perception du corps et de ses besoins.

Lit. : 2 **Disp.** : rare ❍

Cristal de roche (Cristal tabulaire)
Minéralogie : des cristaux très larges et plats (rhomboédrique, primaire)
Indications : (S) élargissement de l'horizon ; (A) favorise le sens de la communauté et la mise en retrait de son propre ego ; (M) améliore l'attention envers les nécessités supérieures, aide aussi à les transmettre à d'autres ; (P) renforce toutes les forces physiques si nécessaire.
Lit. : 2 **Disp.** : faible ❍

Cristal de roche (Dow - Crystal)
Minéralogie : cristal dont la pointe est formée par des surfaces à 3 et 7 angles, en alternance (rhomboédrique, primaire)
Indications : (S) facultés spirituelles ; (A) aide à être en harmonie avec soi-même ; (M) aide à développer consciemment ses propres facultés spirituelles et à les exercer ; (P) rééquilibre les carences et les excès énergétiques dans l'organisme et fortifie son organisation.
Lit. : 2 **Disp.** : rare ❍

Cristal de roche (Faden-quartz ou Quartz à âme)
Minéralogie : cristaux qui ont grandi en parallèle et comme liés par un fil de croissance (rhomboédrique, primaire).
Indications : (S) guérison ; (A) aide en cas de grave déchirement intérieur et pour faire face à des expériences douloureuses ; (M) aide à concilier l'inconciliable et à jeter des passerelles ; (P) atténue les maux de dos et fortifie énormément les forces d'autoguérison.
Lit. : inconnue **Disp.** : très rare ❍

Cristal de roche (Quartz aiguille)
Minéralogie : des cristaux prismatiques, longs et fins comme des aiguilles (rhomboédrique, primaire)
Indications : (S) flux, orientation ; (A) met en mouvement des images, des souvenirs et des sentiments ; (M) motive pour progresser et parvenir au succès sur le plan intellectuel ; (P) fortifie les nerfs, régularise et canalise les flux énergétiques dans le corps, aide à éliminer les blocages au niveau des cicatrices.
Lit. : 2 **Disp.** : bonne ❍

Cristal de roche (Quartz fantôme avec chlorite)

Minéralogie : cristal dont les étapes de croissance son couvertes de chlorite (rhomboédrique, primaire)

Indications : (S) croissance, sauts d'évolution ; (A) procure confiance et courage de vivre ; (M) ouvre de nouveaux hori zons inattendus et aide à développer des facultés insoupçon nées ; (P) stimule la croissance des enfants, régénère et fortifie le système immunitaire.

Lit. : 2 **Disp.** : bonne ○

Cristal de roche (Quartz squelette ou Elestial)

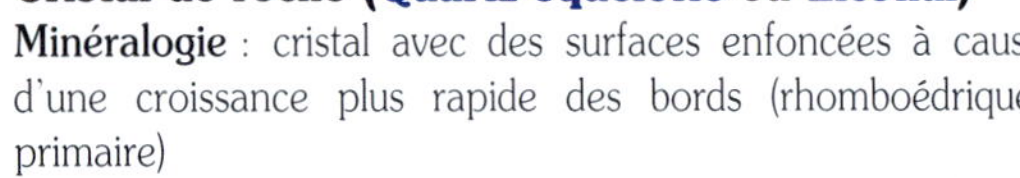

Minéralogie : cristal avec des surfaces enfoncées à caus d'une croissance plus rapide des bords (rhomboédrique primaire)

Indications : (S) savoir primordial ; (A) favorise la confianc originelle, la croissance des forces et les évolutions rapides e spontanées ; (M) aide à découvrir son propre savoir primor dial et à l'exprimer ; (P) stimule et accélère les processus d développement et de guérison physiques.

Lit. : 2 **Disp.** : rare ○

Cristal de roche, biterminé

Minéralogie : cristal à deux pointes (rhomboédrique primaire)

Indications : (S) lien ; (A) améliore le contact avec les autre êtres, stimule la mémoire, y compris celle des rêves ; (M) favo rise la compréhension, la télépathie et aide à s'exprimer cla rement ; (P) améliore l'échange de flux énergétiques et délivr des blocages.

Lit. : 2 **Disp.** : faible ○

Cuivre

Minéralogie : métal précieux (élément naturel, cubique secondaire)

Indications : (S) beauté ; (A) fortifie le sens de l'esthétique, d l'harmonie et de l'amour pour tous les êtres ; (M) procure un créativité ludique et favorise le sens de la justice ; (P) ren fertile, atténue les crampes et les troubles menstruels, fortifi le foie et le cerveau.

Lit. : 2 **Disp.** : bonne ○

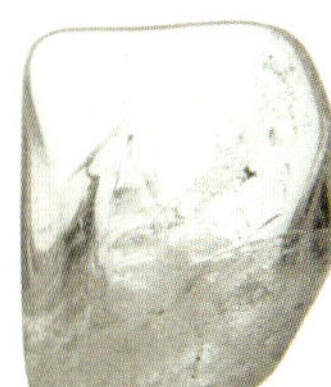
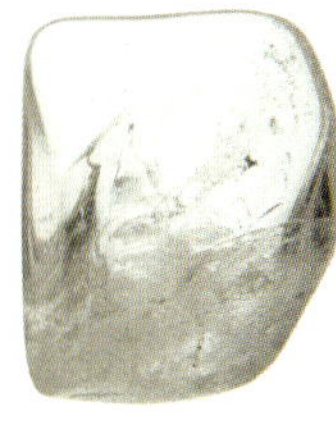

Danburite

Minéralogie : tectosilicate de calcium et de bore (orthorhombique, primaire/rarement secondaire)

Indications : (S) abnégation, orientation spirituelle ; (A) acceptation de soi ; amour inconditionnel ; (M) dissipation des comportements restrictifs ; (P) aide en cas de troubles cardiaques, circulatoires, digestifs et parfois anorexiques d'origine psychique.

Lit. : 2 **Disp.** : faible ❍

Diamant

Minéralogie : pur carbone (élément naturel, cubique, tertiaire)

Indications : (S) invincibilité ; (A) favorise la force de caractère, l'éthique et la fidélité à soi-même ; (M) aide à être conscient de ses responsabilités et libre de tout préjugé. ; (P) a un effet purificateur et fortifie le cerveau, les nerfs, les organes sensoriels, les glandes et les vaisseaux sanguins, aide en cas d'apoplexie.

Lit. : 1 / 2 / 3 / 4 **Disp.** : bonne ❍

Diaspore

Minéralogie : hydroxyde d'aluminium (orthorhombique, tertiaire)

Indications : (S) réactivation d'anciens objectifs ; (A) compréhension et transformation de structures relationnelles ; (M) incite à l'autoanalyse et à la correction de données existentielles ; (P) favorise la digestion, désacidifie et aide en cas de troubles gastriques et de brûlures d'estomac.

Lit. : inconnue **Disp.** : rare ❍

Diopside

Minéralogie : inosilicate du groupe des pyroxènes (monoclinique tertiaire)

Indications : (S) pardon, lâcher prise ; (A) aide à ne pas s'accrocher à d'anciennes douleurs et blessures ; (M) aide à aller vers les autres et à faire la paix ; (P) stimule les reins et équilibre la production hormonale, celle des acides et des bases ainsi que celle des sels minéraux, et favorise l'équilibre hydrique.

Lit. : 2 **Disp.** : faible ❍

Diopside étoilé

Minéralogie : inosilicate du groupe des pyroxènes (monoclinique, tertiaire)

Indications : (S) spiritualité ; (A) équilibre les variations extrêmes de l'humeur ; (M) favorise la reconnaissance du fond spirituel de toute existence et de tous les phénomènes ; (P) fortifie le cœur, les reins, les nerfs, les muscles et les vaisseaux sanguins.

Lit. : 2 **Disp.** : rare ❍

Dioptase

Minéralogie : cyclosilicate de cuivre, hydraté (rhomboédrique, secondaire)

Indications : (S) richesse, beauté, bonheur ; (A) aide à se montrer sous un beau jour, procure profondeur des sentiments, espérance et rêves intenses ; (M) aide à vivre son propre potentiel, apporte abondance d'idées et créativité ; (P) fortifie le foie, atténue les douleurs et les crampes.

Lit. : 1 / 2 **Disp.** : rare ❍

Disthène bleu (Cyanite)

Minéralogie : nésosilicate d'alminium, bleu (triclinique, tertiaire)

Indications : (S) identité, accomplissement de la tâche de toute la vie ; (A) aide à rester capable d'agir même en situations extrêmes ; (M) favorise une pensée logique et rationnelle ainsi qu'une action déterminée ; (P) atténue les extinctions de voix et les troubles du larynx, excellent pour la motricité et l'habileté manuelle.

Lit. : 1 / 2 **Disp.** : faible ❍

Disthène vert

Minéralogie : nésosilicate d'aluminium, vert (triclinique, tertiaire)

Indications : (S) identité, instinct ; (A) aide à dépasser l'attitude d'être victime et la résignation ; (M) permet de dissiper la croyance dans la destinée et incite à l'action dans laquelle on est sûr de son instinct ; atténue l'hyperacidité, les rhumatismes et la goutte, favorise la mobilité, la motricité et l'habileté manuelle.

Lit. : 1 / 2 **Disp.** : très rare ❍

Dolomite avec pyrite

Minéralogie : dolomite avec des couches de pyrite (rhomboédrique / cubique, secondaire)

Indications : (S) disposition naturelle ; (A) aide à transformer ses faiblesses en forces et à se défaire des discordances ; (M) invite à trouver ses propres capacités ; (P) permet d'éliminer les scories, de désacidifier et d'excréter, aide en cas de troubles gastriques et intestinaux.

Lit. : 1 / 2 **Disp.** : bonne ❍

Dolomite beige (Ivoryite)

Minéralogie : carbonate de calcium et de magnésium (rhomboédrique, secondaire)

Indications : (S) impassibilité ; (A) procure sérénité, patience et satisfaction intérieure ; (M) favorise une pensée simple et pragmatique et aide à aborder les problèmes en toute quiétude ; (P) atténue les maux de tête, et diminue les dépôts dans les artères et la tendance à la thrombose.

Lit. : 1 / 2 **Disp.** : bonne ❍

Dolomite blanche (Saccharoïde)

Minéralogie : carbonate de calcium et de magnésium (rhomboédrique, secondaire)

Indications : (A) procure équilibre et stabilité ; (M) favorise le bon sens, aide à réaliser ses propres objectifs de manière simple et facile ; (P) détend, désacidifie, maintient en vitalité et en bonne santé, atténue les douleurs et combat les crampes.

Lit. : 1 / 2 **Disp.** : bonne ❍

Dolomite orange

Minéralogie : dolomite ferrifère (rhomboédrique, secondaire)

Indications : (S) joie ; (A) a un effet reconstituant et encourageant, stabilise en cas de changements d'humeur permanents ; (M) incite à explorer ses propres capacités ; (P) active la circulation, la digestion et le métabolisme, fortifie le cœur en période de forte sollicitation.

Lit. : 1 / 2 **Disp.** : rare ❍

Dolomite rubanée

Minéralogie : dolomite aux rubans ferrifères (rhomboédrique, secondaire)

Indications : (S) talent ; (A) procure stabilité et aide en cas d'explosion des sentiments ; (M) incite à développer ses propres capacités ; (P) atténue les courbatures et dissipe les crampes ; excellent pour le sang, le cœur, la circulation et les vaisseaux sanguins.

Lit. : 1 / 2 **Disp.** : bonne ❍

Dumortiérite

Minéralogie : nésosilicate d'aluminium et de bore (orthorhombique, primaire)

Indications : (S) détachement ; (A) aide à prendre la vie de manière plus légère et atténue les angoisses, la dépression, la nervosité et le stress ; (M) aide à se défaire des comportements de dépendance ; (P) atténue les maux de tête, les crampes, les diarrhées, les nausées et les vomissements.

Lit. : 1 / 2 / 3 **Disp.** : bonne ❍

Éclogite

Minéralogie : roche avec pyroxène et grenat (structures diverses, tertiaire)

Indications : (S) guérison ; (A) apporte de l'espoir dans les phases difficiles de l'existence, stimule la volonté de guérir ; (M) libère des idées fixes de malheur, de danger et d'échec ; (P) stimule les forces de régénération et d'auto-guérison, aide en cas de maladies graves et longues.

Lit. : 2 **Disp.** : faible ❍

Eisenkiesel

Minéralogie : cristal de quartz ferrifère (rhomboédrique, primaire / secondaire)

Indications : (S) énergie ; (A) mobilise les réserves d'énergie psychiques et physiques, procure de l'élan ; (M) aide à poursuivre énergiquement les projets que l'on a décidé de réaliser ; (P) améliore le niveau de performance, stimule la circulation et l'irrigation sanguine, fortifie les vaisseaux sanguins et les muscles.

Lit. : 2 **Disp.** : faible ❍

Eldarite (Pierre nébula)

Minéralogie : vulcanite avec du quartz, anorthoclase, riébeckite, aegirine (primaire)

Indications : (S) intégration, force de vie, protection ; (A) contre la pression, les peurs, la négativité et les influences extérieures ; (M) fait disparaître les doutes et les soucis, permet de prendre conscience de parties refoulées de la personnalité ; (P) favorable aux fonctions de la peau, aux glandes de la transpiration et aux liquides du corps.

Lit. : inconnue **Disp.** : très rare ❍

Émeraude

Minéralogie : béryl chromifère (cyclosilicate, hexagonal, primaire / tertiaire)

Indications : (S) trouver le sens des choses ; (A) favorise l'harmonie et la justice, le repos et la régénération ; (M) soutient la recherche et la réalisation d'objectifs ; (P) aide en cas de sinusite, de maux de tête, d'épilepsie, de maladies oculaires, cardiaques et intestinales.

Lit. : 1 / 2 / 3 / 4 **Disp.** : bonne ❍

Émeraude dans sa matrice

Minéralogie : émeraude dans du quartzite (hexagonal/rhomboédrique, tertiaire)

Indications : (S) orientation ; (A) aide à dépasser les coups durs ; (M) aide en période de crise à trouver de nouvelles orientations ; (P) fortifie le foie, détoxique, désacidifie, aide en cas de rhume, de ronflements, d'infections, d'inflammations, de rhumatisme et de goutte.

Lit. : 1 / 2 / 3 / 4 **Disp.** : faible ❍

Épidote

Minéralogie : sorosilicate de calcium et de magnésium (monoclinique, primaire)

Indications : (S) régénération ; (A) rend patient, permet de se débarrasser de ses soucis et de l'apitoiement sur soi-même ; (M) aide à réaliser son image du bonheur et de la plénitude ; (P) fortifie le foie, la vésicule et la fonction digestive, apporte une régénération après un excès d'efforts ou une maladie.

Lit. : 1 / 2 / 3 **Disp.** : faible ❍

Épidote (Unakite)

Minéralogie : mélange d'épidote et de feldspath (monocli-nique, primaire / tertiaire)

Indications : (S) guérison ; (A) a un effet reconstituant et forti-fiant, aide à dépasser les frustrations faisant suite à de[s] échecs ; (M) apprend à ne pas se dévaloriser à caus[e] d'échecs ; (P) fortifie le foie et la vésicule, stimule la force d[e] régénération et accélère les processus de guérison.

Lit. : 1 / 2 / 3 **Disp.** : très bonne ❍

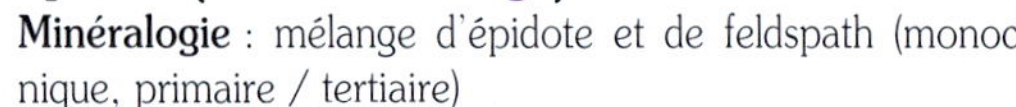

Épidote (Flocons de neige)

Minéralogie : mélange d'épidote et de feldspath (monocl[i]-nique, primaire / tertiaire)

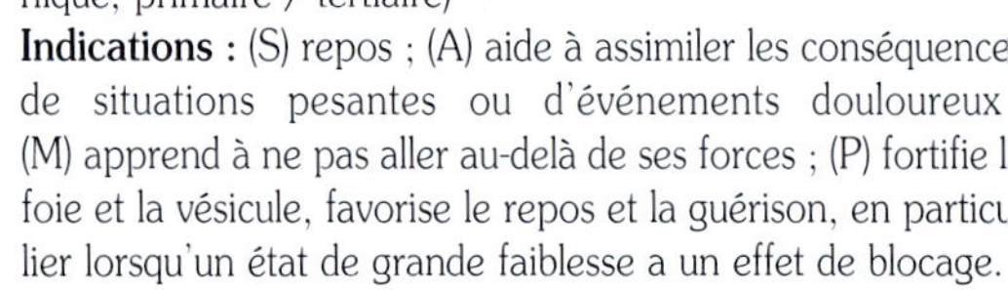

Indications : (S) repos ; (A) aide à assimiler les conséquence[s] de situations pesantes ou d'événements douloureux [;] (M) apprend à ne pas aller au-delà de ses forces ; (P) fortifie l[e] foie et la vésicule, favorise le repos et la guérison, en particu-lier lorsqu'un état de grande faiblesse a un effet de blocage.

Lit. : 1 / 2 / 3 **Disp.** : rare ❍

Eudialyte

Minéralogie : cyclosilicate basique, riche en minéraux diver[s] (rhomboédrique, primaire)

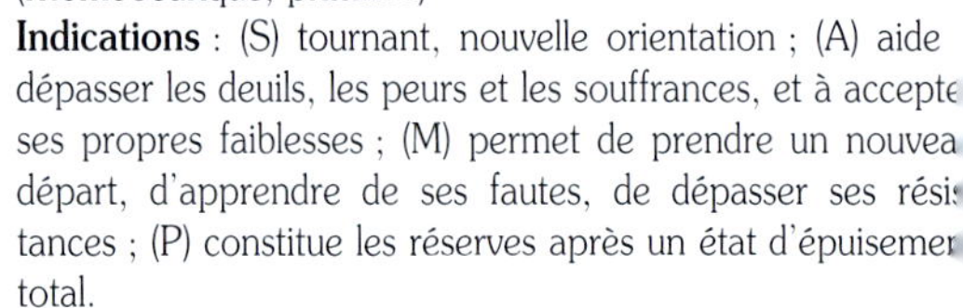

Indications : (S) tournant, nouvelle orientation ; (A) aide [à] dépasser les deuils, les peurs et les souffrances, et à accepte[r] ses propres faiblesses ; (M) permet de prendre un nouvea[u] départ, d'apprendre de ses fautes, de dépasser ses rési[s]-tances ; (P) constitue les réserves après un état d'épuisemen[t] total.

Lit. : 2 **Disp.** : rare ❍

Feldspath multicolore

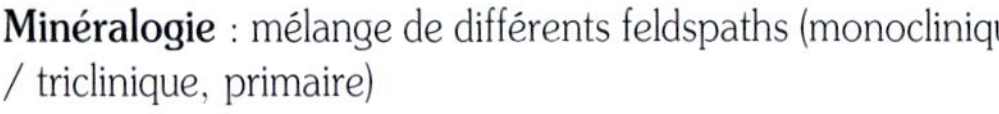

Minéralogie : mélange de différents feldspaths (monocliniqu[e] / triclinique, primaire)

Indications : (S) soif de connaissances, nouvelles manières d[e] voir, flexibilité ; (A) bien-être, équilibre, suscite et favoris[e] l'envie de vivre ; (M) élargit la perception, permet de nouvelle[s] considérations ; (P) en cas de troubles de la rate, du pancréa[s,] de l'estomac et des intestins, de la vésicule.

Lit. : 2 **Disp.** : faible ❍

Fluorite bleue

Minéralogie : fluorure de calcium (halogénure, cubique, le plus souvent primaire)

Indications : (S) intérêt, justice ; (A) rend sobre et calme, aide en cas de frustration et de déception ; (M) aide à dissiper les idées fixes et renforce le sens de la justice ; (P) atténue la toux et l'extinction de voix, aide en cas de mauvaise posture, de rachitisme et d'exostose.

Lit. : 1 / 2 / 3 **Disp.** : bonne ❍

Fluorite incolore

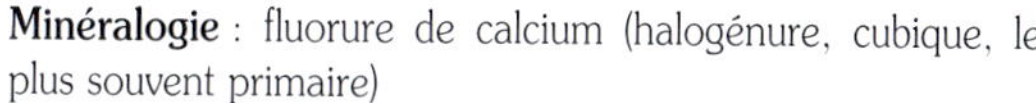

Minéralogie : fluorure de calcium (halogénure, cubique, le plus souvent primaire)

Indications : (S) ordre, nettoyage ; (A) aide en cas de sentiments de culpabilité et d'impureté, rend plus stable sur le plan émotionnel ; (M) permet de sortir de la confusion et aide à maintenir l'ordre ; (P) excellent pour la peau, les muqueuses, les voies respiratoires, les nerfs et le cerveau, atténue la toux et les allergies.

Lit. : 1/ 2/ 3 **Disp.** : bonne ❍

Fluorite jaune

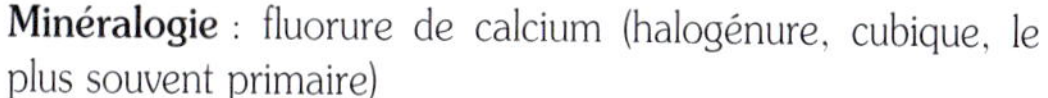

Minéralogie : fluorure de calcium (halogénure, cubique, le plus souvent primaire)

Indications : (S) apprentissage, compréhension ; (A) favorise l'adoption d'une attitude positive face à la vie ; (M) aide à digérer plus rapidement les informations et les expériences ; (P) aide en cas de troubles gastriques et de troubles alimentaires (dont l'anorexie), fortifie les os et les articulations.

Lit. : 1/ 2/ 3 **Disp.** : bonne ❍

Fluorite multicolore (Fluorite arc-en-ciel)

Minéralogie : fluorite multicolore (halogénure, cubique, primaire)

Indications : (S) liberté d'esprit, mobilité ; (A) procure du changement et une vivacité émotionnelle ; (M) favorise la liberté décisionnelle et rend inventif ; (P) excellent pour la peau, les muqueuses, les nerfs, les os et les dents, atténue la toux sèche, rend les articulations souples.

Lit. : 1/ 2/ 3 **Disp.** : bonne ❍

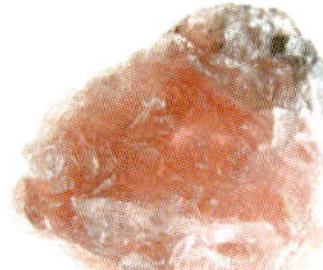

Fluorite rose

Minéralogie : fluorure de calcium (halogénure, cubique, primaire)

Indications : (S) bien-être, dynamique ; (A) aide à percevoir les sentiments refoulés et à les accepter en soi ; (M) rend vif, ouvert et bienveillant ; (P) atténue les troubles cardiaques fonctionnels, stimule la régulation hormonale et aide en cas d'ostéoporose.

Lit. : 1/ 2/ 3 **Disp.** : très rare ❍

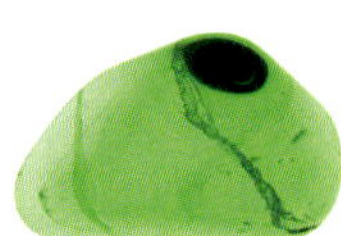

Fluorite verte

Minéralogie : fluorure de calcium (halogénure, cubique, le plus souvent primaire)

Indications : (S) abondance d'idées, dissolution ; (A) intensifie les sentiments et les humeurs et permet ainsi d'en prendre conscience ; (M) fait disparaître l'étroitesse d'esprit, apporte des idées et une capacité rapide de conceptualisation ; (P) favorise la détoxication, aide en cas d'arthrite, de rhumatisme, de goutte et de mycoses.

Lit. : 1/ 2/ 3 **Disp.** : bonne ❍

Fluorite violette

Minéralogie : fluorure de calcium (halogénure, cubique, le plus souvent primaire)

Indications : (S) libération, auto-détermination ; (A) pour la stabilité émotionnelle et la paix intérieure ; (M) aide en cas de difficultés d'apprentissage et de concentration, fortifie la mémoire ; (P) aide en cas de surpoids résultant de mauvaises habitudes alimentaires, en cas de tumeur et de plaies purulentes.

Lit. : 1/ 2/ 3 **Disp.** : bonne ❍

Fluorite-Opale-Jaspe

Minéralogie : mélange de fluorite, d'opale et de jaspe (cubique / amorphe / rhomboédrique, secondaire)

Indications : (S) liberté ludique ; (A) intuition, légèreté, douceur, atténue les tensions extrêmes ; (M) présence dans l'ici et maintenant, rend inventif, diminue les jugements excessifs ; (P) aide en cas d'allergies, de blocage lymphatique, de troubles cutanés ou respiratoires, d'infections, de toux.

Lit. : inconnue **Disp.** : très rare ❍

Fuchsite

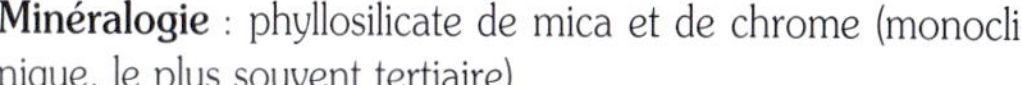

Minéralogie : phyllosilicate de mica et de chrome (monoclinique, le plus souvent tertiaire)

Indications : (S) protection, autodétermination ; (A) permet de marquer ses frontières et procure une plus grande assurance ; (M) aide à regarder les choses avec distance et ainsi à trouver des solutions ; (P) aide en cas d'allergies, de démangeaisons, d'inflammations et d'expositions à des rayonnements.

Lit. : 2 **Disp.** : bonne ❍

Fuchsite-Disthène

Minéralogie : mélange de fuchsite et de disthène (monoclinique/triclinique, tertiaire)

Indications : (S) intégrité, individualité ; (A) aide à préserver son intégrité tout en étant soumis à une pression, élimine la peur de devenir fou ; (M) aide à éviter de subir des dommages ; (P) aide en cas de douleurs diffuses, atténue les inflammations, excellent pour les nerfs et la peau.

Lit. : inconnue **Disp.** : rare ❍

Gabbro (Blackstone)

Minéralogie : plutonite pauvre en acide silicique (structure diverses, primaire)

Indications : (S) nouveau départ ; (A) fortifie en période de routine fatigante, incite à s'écouter soi-même et à percevoir ses propres besoins ; (M) aide à planifier et à préparer soigneusement des choses nouvelles ; (P) fortifie la capacité régénérative et la force d'autoguérison.

Lit. : 2 **Disp.** : faible ❍

Gagate (Jais)

Minéralogie : lignite fibreuse riche en bitume (amorphe, secondaire)

Indications : (S) confiance ; (A) aide à dépasser les soucis et la dépression ; (M) incite à travailler de manière tenace et avec persévérance à des changements positifs ; (P) aide en cas de troubles buccaux, intestinaux (diarrhée), cutanés, articulaires et vertébraux.

Lit. : 2/ 3 **Disp.** : bonne ❍

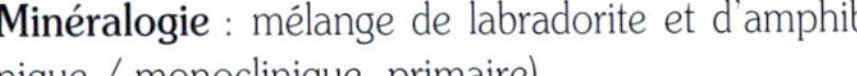

Galaxyite (Roche labradorite)

Minéralogie : mélange de labradorite et d'amphibole (triclinique / monoclinique, primaire)

Indications : (S) profondeur des sentiments, aspiration à l'épanouissement ; (A) procure un profond sommeil tout en permettant de bien se souvenir de ses rêves ; (M) aide à relier de manière constructive la compassion, la clarté et le réalisme ; (P) calme les battements du cœur et la circulation sanguine et stimule la fonction rénale.

Lit. : 2 **Disp.** : rare

Galène (Sulfure de plomb)

Minéralogie : sulfure de plomb gris (cubique, primaire, secondaire, tertiaire)

Indications : (S) sérieux, calme, capacité à supporter le vide ; (A) humeur calme, dépassement de la mélancolie ; (M) détourne les pensées du passé, sobriété ; (P) détoxication, dissout les dépôts dans les articulations, utile en cas d'ankylose et d'immobilité.

Lit. : 2 **Disp.** : bonne

Gaspéite

Minéralogie : carbonate de nickel contenant du magnésium (rhomboédrique, secondaire)

Indications : (S) acquiescement à la vie ; (A) rend plus gai et drôle, favorise le bien-être et la mobilité ; (M) autocritique, regard amusé sur les petits jeux auxquels les autres et soi-même se livrent ; (P) utile pour drainer et pour désacidifier (avec la calcédoine pour l'élimination).

Lit. : 2 **Disp.** : rare

Glauconite dans du grès

Minéralogie : phyllosilicate vert dans du grès (monoclinique, secondaire)

Indications : (S) état de satisfaction, égalité d'humeur ; (A) procure calme et satisfaction ; (M) favorise un regard détendu sans implication excessive ; (P) favorise le drainage du tissu conjonctif, renforce le système immunitaire, atténue les réactions allergiques.

Lit. : Inconnue **Disp.** : faible

Glaucophane avec grenat

Minéralogie : roche d'amphibole à grenat (monoclinique / cubique, tertiaire)

Indications : (S) transformation, liberté ; (A) aide à se confronter à des choses désagréables, à vivre ses sentiments, à résoudre les conflits ; (M) incite à clarifier les malentendus et à l'autocritique ; (P) fortifie la sensation corporelle, les sens et la circulation sanguine, aide à dissiper les tensions.

Lit. : Inconnue **Disp.** : rare ❍

Gneiss

Minéralogie : métamorphite à couches micacées (tertiaire)

Indications : (S) transformation radicale, transition ; (A) incite à se confronter à des circonstances malheureuses, à les supporter et à tenir jusqu'à ce que la transformation soit effectuée ; (M) aide à reconnaître ses habitudes et ses emprisonnements et à s'en défaire ; (P) stimule la digestion et l'élimination.

Lit. : 2 **Disp.** : bonne ❍

Granit

Minéralogie : roche magmatique avec feldspath, quartz et mica (primaire)

Indications : (S) tradition, fortification ; (A) aide à tirer des forces des expériences, de l'origine et des racines de la tradition ; (M) consolide les nouvelles idées, leur donne forme et force pour une réalisation certaine ; (P) stimule le cœur et la circulation sanguine, vivifie et vitalise.

Lit. : 1 / 2 **Disp.** : bonne ❍

Grenat Almandin dans sa matrice

Minéralogie : almandin dans du micaschiste (structures

diverses, tertiaire)

Indications : (S) dépassement, pleine forme physique, force de travail ; (A) procure de la force pour maîtriser d'importantes difficultés ; (M) pour une réalisation énergique d'idées et de devoirs ; (P) améliore la capacité à réaliser des performances, stimule le métabolisme, favorise le drainage et l'élimination.

Lit. : 1 / 2 **Disp.** : bonne ❍

Grenat Almandin

Minéralogie : nésosilicate de fer et d'aluminium (cubique tertiaire)

Indications : (S) force de résistance ; (A) fortifie la volonté e aide à vivre sa propre sexualité ; (M) permet d'imposer se vues personnelles contre d'importantes résistances ; (P) ren actif et stimule la circulation sanguine, l'hémoplastie et l métabolisme.

Lit. : 1 / 2 / 4 **Disp.** : bonne

Grenat Andradite

Minéralogie : nésocillicate de calcium et de fer (cubique tertiaire)

Indications : (S) autodépassement, orientation ; (A) pour l'in tuition, le sentiment de sécurité et la confiance ; (M) favorise l créativité, la perspicacité et la flexibilité ; (P) stimule le foie favorise l'hémoplastie, améliore la vitalité, l'envie de bouger e la condition physique, aide en cas d'absence des règles.

Lit. : 1 / 2 **Disp.** : rare

Grenat Grossulaire

Minéralogie : nésosilicate de calcium et d'aluminiu (cubique, tertiaire)

Indications : (S) construction, régénération ; (A) procure d l'espoir et prédispose à l'aide mutuelle ; (M) aide à développe de nouvelles perspectives ; (P) fortifie le foie et les reins, aid en cas de rhumatisme et d'arthrite, détoxique et régénère l peau et les muqueuses.

Lit. : 1 / 2 **Disp.** : faible

Grenat Grossulaire chromifère

Minéralogie : grenat chromifère, nésosilicate (cubique tertiaire)

Indications : (S) construction, autodétermination (A) apporte un nouvel élan dans les périodes de stagnation (M) favorise la diversité des idées et la créativité ; (P) fortifie foie et les reins, détoxique et calme les inflammations, régu le métabolisme, prévient l'artériosclérose.

Lit. : 2 **Disp.** : rare

Grenat (Hessonite)

Minéralogie : grossulaire ferrifère (nésosilicate, cubique, tertiaire)

Indications : (S) estime de soi, construction, croissance ; (A) calme les élans émotionnels, clarifie les sentiments ; (M) aide à valoriser ses propres capacités ; (P) fortifie le foie et les reins, régule la production hormonale en cas d'hyper ou d'hypo-fonction glandulaire.

Lit. : 1 / 2 **Disp.** : rare ❍

Grenat Hydrogrossulaire

Minéralogie : grossularite hydraté (nésosilicate, cubique, tertiaire)

Indications : (S) construction, réparation, ordre ; (A) génère un engagement émotionnel, dissipe la pitié de soi; (M) remplace les idées fausses par une vision réaliste des choses ; (P) fortifie les reins, le foie et la vésicule biliaire, stimule le drainage et l'élimination.

Lit. : inconnue **Disp.** : rare ❍

Grenat Mélanite

Minéralogie : andradite titanifère (nésosilicate, cubique, tertiaire)

Indications : (S) introspection, intégrité ; (A) pour la constance, stabilité et confiance ; (M) ouvre la voix de la conscience et fortifie 'l'échine' dans les conflits ; (P) favorise la croissance et fortifie les os et la colonne vertébrale.

Lit. : 1 / 2 **Disp.** : rare ❍

Grenat Pyrope

Minéralogie : nésosilicate de magnésium et d'aluminium (cubique, tertiaire)

Indications : (S) dépassement des crises, qualité de vie ; (A) favorise la sérénité, le courage et l'endurance, réduit les blocages, stimule la sexualité ; (M) encourage l'aspiration à s'améliorer ; (P) favorise la qualité du sang et l'irrigation sanguine, aide en cas d'affections de la vessie.

Lit. : 1 / 2 / 3 / 4 **Disp.** : faible ❍

Grenat (Rhodolite)

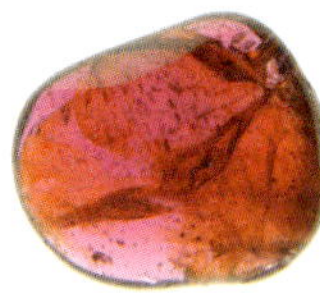

Minéralogie : cristal formé de pyrope et d'almandin (nésosilicate, cubique, tertiaire)

Indications : (S) confiance, joie de vivre, charisme ; (A) favorise la confiance, l'affection, la sexualité et les joies sensuelles, stimule l'érection ; (M) aide à confronter les défis avec optimisme ; (P) stimule la circulation et le métabolisme, améliore l'irrigation sanguine.

Lit. : 1 / 2 **Disp.** : rare ❍

Grenat Spessartine

Minéralogie : nésosilicate de manganèse et d'aluminium (cubique, tertiaire/primaire)

Indications : (S) bravoure, serviabilité ; (A) aide en cas de cauchemars, de dépression et de problèmes sexuels ; (M) aide à exprimer des choses pesantes, taboues ou gênantes et à les clarifier ; (P) fortifie le cœur, l'intestin grêle (assimilation des nutriments) et le système immunitaire.

Lit. : 1 / 2 **Disp.** : rare ❍

Grenat (Tsavorite)

Minéralogie : Grossulaire contenant du chrome et du vanadium (cubique, tertiaire)

Indications : (S) construction, détachement ; (A) apporte de nouvelles forces dans les phases de vie pénibles ; (M) aide à se frayer un chemin à travers les problèmes paralysants ; (P) détoxique et aide en cas d'inflammations et de maladies chroniques dégénératives.

Lit. : 2 **Disp.** : très rare ❍

Grenat Uvarovite

Minéralogie : nésosilicate de calcium et de chrome (cubique, tertiaire)

Indications : (S) individualité, autonomie ; (A) rend curieux et optimiste ; (M) procure enthousiasme et énergie pour ses propres idées ; (P) fortifie le pancréas, favorise la détoxication, est anti-inflammatoire et permet de faire monter la fièvre (si nécessaire).

Lit. : 1 / 2 **Disp.** : très rare ❍

Grossularite

Minéralogie : roche contenant du grossulaire (la plus grande partie cubique, tertiaire)

Indications : (S) construction, communauté ; (A) favorise le lien social dans les situations difficiles ; (M) aide à formuler de nouvelles idées et à les communiquer ; (P) fortifie le foie et les reins, aide en cas de rhumatisme et d'arthrite, détoxique et régénère la peau et les muqueuses.

Lit. : 1 / 2 **Disp.** : bonne ❍

Halite (Sel gemme)

Minéralogie : chlorite de sodium (halogénure, cubique, secondaire)

Indications : (S) protection, nettoyage ; (A) apporte vivacité et équilibre intérieur ; (M) dissout les schémas inconscients de penser et d'agir ; (P) régule le métabolisme et l'équilibre hydrique, draine, détoxique, nettoie et protège les voies respiratoires, la peau et les intestins.

Lit. : 2 **Disp.** : très bonne ❍

Héliodore

Minéralogie : béryl vert-jaune (cyclosilicate, hexagonal, primaire)

Indications : (S) résistance, stabilité ; (A) aide à supporter une forte pression (intérieure aussi bien qu'extérieure), diminue l'agressivité ; (M) aide à prévoir et à planifier les choses tout en restant souple ; (P) stimule le système immunitaire et aide en cas de myopie et de presbytie.

Lit. : 1 / 2 / 4 **Disp.** : rare ❍

Hématite avec magnétite

Minéralogie : oxyde de fer (rhomboédrique / cubique, tertiaire à l'état massif)

Indications : (S) progrès, engagement ; (A) favorise l'aspiration à l'amélioration des conditions de vie ; (M) aide à poursuivre ses objectifs avec insistance et, si nécessaire, à se battre pour ; (P) favorise l'assimilation du fer et l'hémoplastie, stimule les glandes, le foie et la vésicule.

Lit. : 1 / 2 / 3 **Disp.** : très bonne ❍

Hématite réniforme

Minéralogie : oxyde de fer (rhomboédrique, l'hémati botroyïdale rouge est primaire)

Indications : (S) survie ; (A) renforce la volonté et met e lumière les désirs inassouvis ; (M) attire l'attention sur l besoins élémentaires et le bien-être du corps ; (P) favorise l'a similation du fer et l'hémoplastie, fortifie l'intestin grêle, gros intestin et les reins.

Lit. : 1 / 2 / 3 **Disp.** : faible

Hématite rubanée (Oxyde de fer rubané)

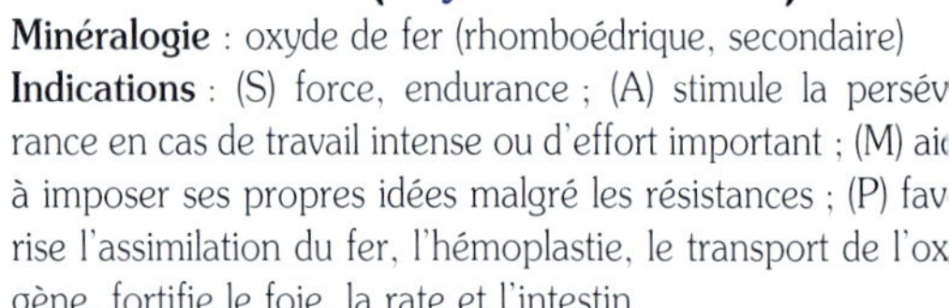

Minéralogie : oxyde de fer (rhomboédrique, secondaire)

Indications : (S) force, endurance ; (A) stimule la persév rance en cas de travail intense ou d'effort important ; (M) aic à imposer ses propres idées malgré les résistances ; (P) fav rise l'assimilation du fer, l'hémoplastie, le transport de l'ox gène, fortifie le foie, la rate et l'intestin.

Lit. : 1 / 2 / 3 **Disp.** : faible

Hémimorphite

Minéralogie : sorosilicate basique de zinc (orthorhombiqu secondaire)

Indications : (S) orientation vers la réalisation de son prop objectif ; (A) humeur calme et pacifique ; (M) aide à reco naître les influences extérieures, (P) reconstituant génér aide en cas de troubles cutanés, de verrues, de coup de sole de brûlures, pour la cicatrisation et en cas de nervosité da les jambes.

Lit. : 2 **Disp.** : rare

Hermanover Kugel (Phlogopite - Anthophyllite)

Minéralogie : phlogopite dans de l'anthophyllite (monoc nique / orthorhombique, tertiaire)

Indications : (S) confiance, innocence, protectio (A) procure une posture de vie positive, aide à préserver noyau tendre sous une coquille dure ; (M) aide à ne pl douter de soi et à ne plus se torturer l'esprit ; (P) désacidifie régule la fonction rénale et génitale.

Lit. : 2 **Disp.** : très rare

Heulandite

Minéralogie : zéolithe laminaire (tectosilicate, monoclinique, primaire)

Indications : (S) mobilité ; (A) aide à se défaire de sentiments négatifs ; (M) facilite le changement d'habitudes ; (P) fortifie les nerfs et le foie, stimule l'irrigation et la mobilité, excellent pour les articulations, les disques vertébraux, les genoux (ménisque) et les pieds.

Lit. : 2 **Disp.** : faible ❍

Hiddenite (Spodumène)

Minéralogie : inosilicate vert-jaune (pyroxène, monoclinique, primaire)

Indications : (S) don de soi ; (A) apprend à se dévouer tout en restant fidèle à soi-même ; (M) améliore la mémoire, aide en cas de décisions difficiles à prendre ; (P) atténue les douleurs articulaires, rénales, névralgiques, sciatiques ou dentaires.

Lit. : 2 **Disp.** : rare ❍

Hornblende

Minéralogie : inosilicate du groupe des amphiboles (monoclinique, primaire/tertiaire)

Indications : (S) unité, intégration ; (A) aide à se défaire des sentiments de déchirement intérieur et de pression coercitive ; (M) aide à savoir composer avec les contraires en accordant à chacun d'eux la place qui lui revient ; (P) excellent pour l'intestin grêle, les reins ainsi que pour l'oreille moyenne et interne.

Lit. : 2 **Disp.** : bonne ❍

Howlite

Minéralogie : nésosilicate de calcium et de bore (monoclinique, secondaire)

Indications : (S) autonomie, vigilance ; (A) incite à organiser sa vie soi-même ; (M) favorise le contrôle conscient de ses propres actes ; (P) renforce le sens de l'équilibre, aide en cas de nausée, facilite le vomissement, atténue les démangeaisons résultant d'un contact avec un produit nocif.

Lit. : 2 **Disp.** : rare ❍

Hypersthène

Minéralogie : inosilicate chatoyant (pyroxène, orthorhombique, primaire)

Indications : (S) équilibre ; (A) procure l'équilibre juste entre activité et repos, rend dynamique et équilibré ; (M) aide à accepter la critique et à défendre ses convictions ; (P) enlève les tensions, atténue les douleurs, aide en cas d'hyperacidité gastrique.

Lit. : 2 **Disp.** : rare ❍

Jadéite (Jade)

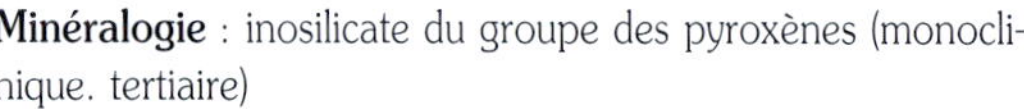

Minéralogie : inosilicate du groupe des pyroxènes (monoclinique. tertiaire)

Indications : (S) équilibre ; (A) crée un équilibre entre repos et activité ; (M) facilite une réalisation de soi de manière ludique ; (M) régule les nerfs, les reins et les glandes surrénales (production d'adrénaline), contribue à équilibrer l'organisme en eau, en sels minéraux et en acides/bases.

Lit. : 1 / 2 **Disp.** : faible ❍

Jadéite lila

Minéralogie : jadéite manganifère (inosilicate, monoclinique, tertiaire)

Indications : (S) paix intérieure ; (A) procure une harmonie intérieure, atténue la nervosité et l'irritabilité ; (M) aide à dépasser les déceptions et les conflits relationnels ; (P) aide en cas de troubles rénaux, d'inflammations, de douleurs cardiaques, dentaires ou nerveuses.

Lit. : 1 / 2 / 3 **Disp.** : rare ❍

Jadéite noire (Jade noir)

Minéralogie : inosilicate du groupe des pyroxènes (monoclinique, tertiaire)

Indications : (S) la mesure juste ; (A) libère des sentiments négatifs, calme et fortifie ; (M) aide à adopter une posture neutre et à trouver la juste mesure dans son propre comportement ; (P) régule l'élimination par les reins et la vessie.

Lit. : inconnue **Disp.** : rare ❍

Jade-Magnétite (Néphrite avec magnétite)

Minéralogie : mélange de magnétite et de néphrite (cubique / monoclinique, tertiaire)

Indications : (S) attitude intérieure ; (A) aide à transformer les schémas comportementaux négatifs, favorise une attitude positive face à la vie ; (M) incite à réfléchir sur ses pensées, sur ses actes et leurs conséquences ; (P) stimule le cerveau, les nerfs, les glandes hormonales, le foie et les reins.

Lit. : 2 **Disp.** : faible ❍

Jaspe (Turitellas Jaspis)

Minéralogie : jaspe avec des coquilles d'escargot fossilisées (jaspe, rhomboédrique, secondaire)

Indications : (S) retrait ; (A) aide à dépasser les sentiments de culpabilité ; (M) incite à réfléchir sur ses désirs, buts et projets ; (P) favorise le drainage et l'élimination, augmente la capacité de résistance envers les agressions de l'environnement (pollution, poison, rayonnements).

Lit. : 1 / 2 **Disp.** : très bonne ❍

Jaspe avec hématite (Œil de fer)

Minéralogie : mélange de jaspe et d'hématite (oxyde, rhomboédrique, secondaire)

Indications : (S) condition physique ; (A) améliore la condition physique en cas d'effort important ; (M) aide à concrétiser et à imposer ses propres idées avec adresse et insistance ; (P) améliore l'assimilation du fer et la formation des globules rouges, stimule la circulation et l'irrigation.

Lit. : 1 / 2 **Disp.** : faible ❍

Jaspe beige

Minéralogie : Quartz microcristallin à grains grossiers (rhomboédrique, secondaire)

Indications : (S) drainage ; (A) procure une force constante et régulière, aide à éviter les extrêmes ; (M) permet de se défaire d'un mode de pensée qui ne nous appartient pas ; (P) permet un drainage en profondeur et nettoie le tissu conjonctif, atténue les allergies et les problèmes cutanés.

Lit. : 2 **Disp.** : bonne ❍

Jaspe brèche

Minéralogie : morceaux de jaspe noyés dans de la calcédoine (rhomboédrique, secondaire)

Indications : (S) disponibilité au conflit ; (A) aide à se redresser après avoir subi un échec ; (M) aide à supporter les conflits et aide à réparer les dégâts ; (P) vivifie et vitalise, stimule la circulation, l'irrigation sanguine et les forces d'auto-guérison.

Lit. : 1 / 2 / 4 **Disp.** : très bonne ❍

Jaspe brun

Minéralogie : quartz microcristallin à grains grossiers (rhomboédrique, secondaire)

Indications : (S) caractère infatigable ; (A) favorise la solidité, la persévérance et la flexibilité (si nécessaire) ; (M) aide à faire avancer constamment les projets déjà lancés ; (P) stimule la digestion et l'élimination, stabilise la circulation sanguine et aide en cas d'épuisement extrême.

Lit. : 2 / 4 **Disp.** : bonne ❍

Jaspe brun-beige (Jaspe Capuccino)

Minéralogie : quartz microcristallin à grains grossiers (rhomboédrique secondaire)

Indications : (S) efficacité ; (A) procure de la fermeté, favorise le calme intérieur ; (M) aide à réaliser une grande quantité de travail par une répartition judicieuse de ses forces ; (P) fortifie l'estomac, l'intestin et le système immunitaire, favorise le drainage et l'élimination.

Lit. : 2 / 4 **Disp.** : bonne ❍

Jaspe brun-gris (Bilder-Jaspis)

Minéralogie : quartz microcristallin à grains grossiers (rhomboédrique, secondaire)

Indications : (S) dépassement/accomplissement ; (A) aide à supporter des conditions de vie usantes ; (M) procure la joie des choses simples ; (P) favorise le drainage et le nettoyage du tissu conjonctif, stimule l'élimination et atténue les réactions allergiques.

Lit. : 2 / 4 **Disp.** : bonne ❍

Jaspe du Kalahari (Kalahari Picture Stone)
Minéralogie : grès siliceux (jaspe, rhomboédrique, secondaire)
Indications : (S) capacité de résistance ; (A) fortifie en cas d'effort prolongé ; (M) aide à renouveler ses tentatives sans cesse en cas d'échec ; (P) stimule la digestion, le système immunitaire et le nettoyage du tissu conjonctif, atténue donc les allergies et le rhume des foins.
Lit. : 2 / 4 **Disp.** : très bonne ❍

Jaspe jaune
Minéralogie : jaspe contenant de la limonite (quartz, rhomboédrique, secondaire)
Indications : (S) endurance ; (A) favorise l'endurance et la persévérance ; (M) aide à digérer des expériences et des événements frustrants ; (P) constitue une protection immunitaire à long terme, stimule la digestion, nettoie et tend le tissu conjonctif.
Lit. : 1/ 2 / 4 **Disp.** : bonne ❍

Jaspe multicolore
Minéralogie : jaspe de plusieurs couleurs (quartz, rhomboédrique, secondaire)
Indications : (S) force créatrice ; (A) vivifie et procure une vie psychique animée ; (M) favorise la réalisation de ses propres idées ; (P) favorise la détoxication et stimule le système immunitaire, régénère les tissus fonctionnels des organes (parenchyme).
Lit. : 1 / 2 / 4 **Disp.** : bonne ❍

Jaspe océan (Agate océan, Calcédoine orbiculaire)
Minéralogie : calcédoine orbiculaire (quartz, rhomboédrique, primaire)
Indications : (S) renouveau ; (A) rend positif, serein, capable d'encaisser et permet d'avoir un sommeil récupérateur ; (M) aide à résoudre les conflits ; (P) favorise la digestion, la chaleur, la détoxication, la régénération, le renouvellement des cellules, le système immunitaire et la peau, aide en cas de rhume, de kystes et de tumeurs.
Lit. : inconnue **Disp.** : faible ❍

Jaspe orbiculaire (Poppy jaspis)
Minéralogie : jaspe à dessins multicolores (quartz, rhombo-drique, secondaire)
Indications : (S) bonne humeur ; (A) procure gaieté, envie c changement et de nouvelles expériences ; (M) stimule l'imag nation et toute forme de créativité, aide aussi à réaliser cet abondance d'idées ; (P) stimule le système immunitaire, foie, la circulation sanguine et la capacité régénérative.
Lit. : 1 / 2 / 4 **Disp.** : bonne

Jaspe rouge
Minéralogie : jaspe contenant de l'hématite (quartz, rhor boédrique, secondaire)
Indications : (S) force de volonté ; (A) rend courageux, dyn mique, procure de l'énergie et stimule le tempérament gue rier ; (M) apporte du courage pour réaliser les tâch désagréables et rend actif sur le plan intellectue (P) réchauffe, irrigue, vivifie, stimule la circulation sanguine permet de faire monter la fièvre.
Lit. : 1/ 2 / 3 / 4 **Disp.** : très bonne

Jaspe sanguin (Héliotrope)
Minéralogie : jaspe vert à inclusions rouges (rhomboédriqu secondaire)
Indications : (S) protection immunitaire ; (A) favorise la pri de distance ; (M) aide à garder le contrôle ; (P) fortifie la lymp et le système immunitaire, aide en cas de troubles du cœur, d vaisseaux sanguins et de la vessie ainsi qu'en cas de grippe, rhume, d'infections, d'inflammations et de formation de pus
Lit. : 1 / 2 / 3 / 4 **Disp.** : très bonne

Jaspe vermicelle (à foraminifères fossilisés)
Minéralogie : foraminifères fossilisés dans de l'argile (secc daire)
Indications : (S) réflexion, travail sur soi ; (A) aide à s'adap prudemment aux autres ou à se retirer tout aussi prude ment ; (M) favorise l'assimilation des expériences faites courant de la vie ; (P) stimule l'estomac, le pancréas, l'intest la digestion et l'élimination.
Lit. : 2 **Disp.** : faible

Jaspe vert

Minéralogie : jaspe ferrifère (quartz, rhomboédrique, secondaire)

Indications : (S) force de défense, équilibre ; (A) calme les sentiments, aide à les vivre et à les accepter ; (M) améliore le contrôle des pensées et des actes ; (P) fortifie le système immunitaire, aide en cas de grippe, de rhume, d'infections et d'inflammations.

Lit. : 1 / 2 / 4 **Disp.** : bonne ❍

Jaspe volcanique

Minéralogie : jaspe contenant de la calcédoine et de l'hématite (rhomboédrique, secondaire

Indications : (S) précaution, esprit consciencieux ; (A) stimule le septième sens vis-à-vis des dangers ; (M) aide à agir calmement, rapidement et résolument dans les situations critiques ; (P) stimule la purification du tissu conjonctif, de la lymphe et du sang, active la rate, le foie, les reins et l'intestin.

Lit. : 1 / 2 **Disp.** : bonne ❍

Jaspe-Picasso (Calcaire)

Minéralogie : calcaire (carbonate de calcium, rhomboédrique, secondaire)

Indications : (S) abstraction, tirer l'essence des choses ; (A) aide à rester fidèle à soi-même ; (M) aide à reconnaître l'essentiel et à aller jusqu'au bout de ses idées ; (P) favorise le métabolisme du calcium, fortifie le gros intestin, le tissu conjonctif et les os.

Lit. : 2 **Disp.** : bonne ❍

Kimberlite

Minéralogie : brèche volcanique (diverses structures, primaire)

Indications : (S) transformation ; (A) soulage les processus douloureux dans la vie et procure un nouvel élan ; (M) aide à abandonner ses résistances au changement et à lier l'incompatible ; (P) favorise la désacidification et régule l'équilibre minéral.

Lit. : 2 **Disp.** : faible ❍

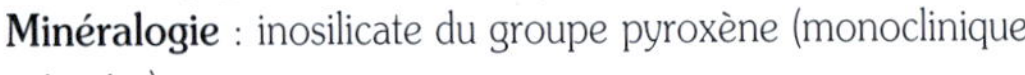

Kunzite (Spodumène rose)

Minéralogie : inosilicate du groupe pyroxène (monoclinique, primaire)

Indications : (S) humilité ; (A) améliore la capacité intuitive, aide en cas de difficultés relationnelles; (M) permet d'accepter la critique, favorise la tolérance et la disposition à servir ; (P) aide en cas de névralgie, de sciatique, de maux de dents, élimine les tensions dans la région du cœur.

Lit. : 1 / 2 / 3 **Disp.** : faible ○

Labradorite (Feldspath)

Minéralogie : feldspath irisé (tectosilicate, triclinique primaire)

Indications : (S) réflexion, vérité ; (A) fortifie intuition profondeur des sentiments et dons médiumniques ; (M) ravive les souvenirs oubliés et aide à reconnaître les illusions (P) diminue la sensibilité au froid, abaisse la tension, atténue les rhumatismes et la goutte.

Lit. : 1 / 2 **Disp.** : bonne ○

Labradorite (Feldspath, Spectrolite)

Minéralogie : feldspath très fortement irisé (tectosilicate triclinique, primaire)

Indications : (S) imagination, créativité ; (A) favorise le taler artistique et le sens de l'harmonie ; (M) stimule l'enthou siasme, l'abondance d'idées et la créativité ; (P) diminue l sensibilité au froid et atténue le rhumatisme et la goutte.

Lit. : 1 / 2 **Disp.** : faible ○

Labradorite blanche (Feldspath arc-en-ciel)

Minéralogie : labradorite blanche avec irisation bleue (tricli nique, primaire)

Indications : (S) délicatesse ; (A) améliore la capacité sensi tive, le sommeil et le souvenir des rêves ; (M) favorise l'éveil d le don de l'observation ; (P) améliore la sensation corporelle régule le cycle hormonal féminin et aide en cas de troubles menstruels.

Lit. : 2 **Disp.** : bonne ○

Lapis-lazuli avec calcite

Minéralogie : mélange de lapis-lazuli et de calcite (cubique / rhomboédrique, tertiaire)

Indications : (S) responsabilité pour soi-même ; (A) favorise l'authenticité et aide à conquérir la maîtrise de sa propre vie ; (M) favorise le discernement et l'intelligence, aide à communiquer avec les autres ; (P) fait baisser la fièvre et la tension artérielle, ralentit le cycle menstruel.

Lit. : 1 / 2 / 3 / 4 **Disp.** : bonne ❍

Lapis-lazuli

Minéralogie : roche de lazurite (lazurite : tectosilicate, cubique, tertiaire)

Indications : (S) vérité ; (A) favorise l'intégrité, la dignité, les contacts et l'amitié ; (M) aide à dire la vérité et à l'accepter ; (P) aide en cas de troubles de la gorge, du larynx, des cordes vocales, des nerfs et du cerveau, régule la thyroïde.

Lit. : 1 / 2 / 3 / 4 **Disp.** : bonne ❍

Larimar (Pectolite bleue)

Minéralogie : pectolite contenant du cuivre (inosilicate,triclinique, tertiaire)

Indications : (S) franchise/ouverture ; (A) aide à agrandir son espace spirituel et à le délimiter ainsi qu'à assimiler les impressions accumulées ; (M) élargit la perception ; (P) stimule l'activité cérébrale et la sensibilité, aide en cas de douleurs dans la poitrine, la gorge et la tête.

Lit. : 1 / 2 **Disp.** : faible ❍

Larvikite (Syénite)

Minéralogie : magmatite riche en feldspath (diverses structures, primaire)

Indications : (S) estimation, caractère direct ; (A) réduit les accès émotionnels, rend neutre et objectif ; (M) aide à comprendre et à analyser des données compliquées ; (P) draine les tissus, calme les nerfs, refroidit et fait baisser la tension.

Lit. : 2 **Disp.** : bonne ❍

Lazulite

Minéralogie : phosphate d'aluminium, basique (monoclinique, primaire / tertiaire)

Indications : (S) orientation spirituelle ; (A) permet de prendre conscience de ses sentiments et de son ressenti, procure un sentiment de paix ; (M) favorise la réflexion sur le sens des choses, leur valeur et leur importance ; (P) fortifie et détend, régule les nerfs, le métabolisme et le système hormonal d'une manière douce.

Lit. : 2 **Disp.** : très rare ❍

Lentille de Biotite

Minéralogie : mica de fer et de magnésium (monoclinique, tertiaire)

Indications : (S) réalisation de soi ; (A) protection d'influences étrangères ; (M) aide à la prise de décision ; (P) en cas d'hyperacidité, de rhumatisme, de goutte, de constipation, de sciatique ou de troubles rénaux, facilite l'accouchement (active le travail de l'enfantement, détend le plancher pelvien et l'orifice utérin)

Lit. : 1 / 2 / 3 **Disp.** : Très rare ❍

Lépidolite

Minéralogie : mica de lithium (phyllosilicate, monoclinique primaire)

Indications : (S) marquer ses distances ; (A) protège des influences extérieures, procure une sensation de paix intérieure, aide en cas de troubles du sommeil ; (M) détourne des distractions, aide à se focaliser sur l'essentiel ; (P) atténue les douleurs articulaires et nerveuses, sciatiques et névralgiques.

Lit. : 1 / 2 **Disp.** : bonne ❍

Limonite

Minéralogie : roche de limonite (hydroxyde de fer, orthorhombique, secondaire)

Indications : (S) force intérieure ; (A) donne de la force en cas d'effort extrême, aide à transformer l'égoïsme en sens de solidarité ; (M) aide à encaisser des attaques sans riposter (P) favorise le drainage, fortifie la digestion et l'élimination.

Lit. : 2 **Disp.** : bonne ❍

Magnésite (nodule)

Minéralogie : carbonate de magnésium (rhomboédrique, secondaire)

Indications : (S) souplesse ; (A) aide à devenir plus conciliant sans renoncer pour autant à ses propres projets, atténue le stress ; (M) incite à laisser les choses se faire d'elles-mêmes au lieu de déployer beaucoup d'efforts ; (P) détoxique, désacidifie, atténue les tensions et les crampes.

Lit. : 1 / 2 / 3 **Disp.** : bonne ❍

Magnésite (roche)

Minéralogie : carbonate de magnésium (rhomboédrique, secondaire)

Indications : (S) relaxation ; (A) rend patient, aide en cas de nervosité, de peur et d'irritabilité ; (M) favorise l'art de l'écoute ; (P) aide en cas de migraine, de maux de tête, de crampes, de coliques, de tensions, prévient la formation de dépôts dans les vaisseaux sanguins et l'infarctus.

Lit. : 1 / 2 / 3 **Disp.** : très bonne ❍

Magnétite

Minéralogie : oxyde de fer magnétique (cubique, primaire/tertiaire)

Indications : (S) activation, orientation ; (A) augmente la capacité de réaction ; (M) incite à s'orienter vers des idéaux plus élevés, aide à distinguer l'utile de l'inutile ; (P) stimule le flux énergétique et l'activité glandulaire, stimule le foie et la production biliaire.

Lit. : 2 / 4 **Disp.** : bonne ❍

Malachite

Minéralogie : carbonate de cuivre, basique (monoclinique, secondaire)

Indications : (S) aventure, vie intense ; (A) approfondit la vie sentimentale, aide en cas de difficultés sexuelles ; (M) favorise l'imagination et la détermination ; (P) stimule le cerveau, les nerfs et le foie, détoxique, aide en cas de rhumatisme, de crampes, de troubles menstruels.

Lit. : 1 / 2 / 3 **Disp.** : bonne ❍

Marbre

Minéralogie : calcaire métamorphique (carbonate de calcium, rhomboédrique, tertiaire)

Indications : (S) transformation ; (A) aide à se libérer de son manque de paix intérieure et à transformer des conditions de vie malheureuses ; (M) ouvre de nouvelles perspectives, permet de résoudre les problèmes de manière créative ; (P) favorise le développement chez les enfants, fortifie les nerfs et la rate, atténue les allergies.

Lit. : 1 / 2 **Disp.** : bonne ❍

Marbre Onyx (Aragonite-Calcite)

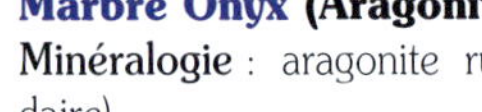

Minéralogie : aragonite rubanée (orthorhombique, secondaire)

Indications : (S) développement rythmique, soulagement ; (A) rend plus détaché, plus libre et plus sensible ; (M) rend flexible, permet de trouver l'équilibre entre repos et activité ; (P) aide en cas de troubles hépatiques, biliaires, articulaires, et de problèmes au niveau des disques vertébraux et du ménisque.

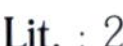

Lit. : 2 **Disp.** : très bonne ❍

Marbre zèbre

Minéralogie : marbre avec manganèse (carbonate de calcium, rhomboédrique, tertiaire)

Indications : (S) autolibération ; (A) aide à se défendre contre l'oppression, améliore les états d'insatisfaction permanente ; (M) aide à surmonter la résignation ; (P) favorise le drainage et l'élimination, atténue les allergies, fortifie la rate, les reins, l'intestin, les tissus et la peau.

Lit. : 1 / 2 **Disp.** : bonne ❍

Marcassite

Minéralogie : sulfure de fer (orthorhombique, primaire / secondaire)

Indications : (S) valeur de soi ; (A) aide à avoir de l'estime de soi et met en lumière les désirs refoulés ; (M) aide à connaître les causes de son propre malheur et à abandonner adaptation et soumission ; (P) stimule la détoxication et l'élimination.

Lit. : 2 **Disp.** : faible ❍

Météorite ferronickel

Minéralogie : alliage ferronickel (cubique, formation interplanétaire)

Indications : (S) examen de ses propres intentions et objectifs ; (A) libère les images intérieures, renouvelle les structures anciennes ; (M) aide à adopter d'autres points de vue, à remettre en cause les valeurs existantes, à transformer des impulsions en actions résolues ; (P) régule la tension musculaire.

Lit. : 2 **Disp.** : bonne ❍

Moldavite

Minéralogie : verre formé par l'impact d'un météorite (amorphe)

Indications : (S) liberté ; (A) procure une ouverture illimitée, favorise les rêves et le souvenir ; (M) permet de se libérer de profonds emprisonnements et favorise la capacité à reconnaître en soi-même un être spirituel ; (P) aide en cas de maladies des voies respiratoires, de grippe et d'anémie.

Lit. : 1 / 2 4 **Disp.** : faible ❍

Mondolite

Minéralogie : Eisenkiesel sur calcédoine (quartz, rhomboédrique, secondaire)

Indications : (S) vigilance ; (A) fortifiant et équilibrant, vivifie et chasse la fatigue ; (M) éveille et accélère le temps de réaction ; (P) stimule la digestion, l'irrigation et le système immunitaire, aide en cas d'interruption ou de retard des règles.

Lit. : inconnue **Disp.** : rare ❍

Mookaïte

Minéralogie : mélange de jaspe et d'opale (rhomboédrique / amorphe, secondaire)

Indications : (S) expérience ; (A) favorise le changement, le plaisir et les expériences intenses ; (M) rend flexible, incite à envisager plusieurs possibilités et à choisir toujours celle qui convient ; (P) fortifie la rate, le foie, le système immunitaire, favorise la purification du sang et la cicatrisation.

Lit. : 1 / 2 / 3 **Disp.** : bonne ❍

Moqui marbles (nodules de limonite)

Minéralogie : nodules de limonite remplis de sable (rhombodérique / orthorhombique, secondaire)

Indications : (S) exaucement de souhaits ; (A) active pendant la journée, augmente le besoin de sommeil pendant la nuit ; (M) permet de faire valoir ses désirs et ses besoins ; (P) favorise la régénération, l'hémoplastie, l'irrigation sanguine, stimule les processus permettant de parachever une guérison, fortifie les muscles, l'intestin et la peau.

Lit. : 2 **Disp.** : très rare ❍

Morganite

Minéralogie : béryl manganifère (cyclosilicate, hexagonal, primaire)

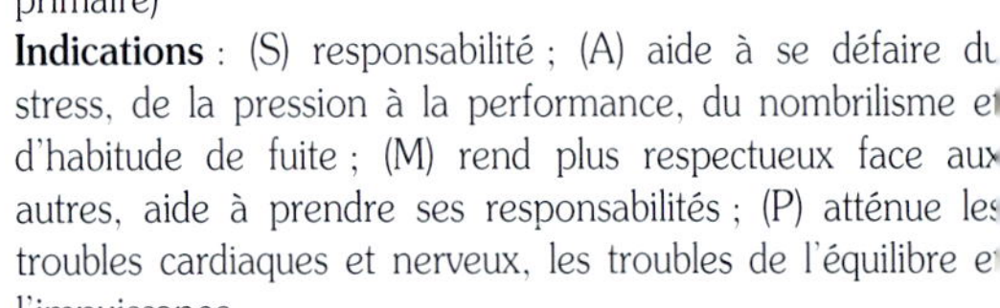

Indications : (S) responsabilité ; (A) aide à se défaire du stress, de la pression à la performance, du nombrilisme et d'habitude de fuite ; (M) rend plus respectueux face aux autres, aide à prendre ses responsabilités ; (P) atténue les troubles cardiaques et nerveux, les troubles de l'équilibre et l'impuissance.

Lit. : 1 / 2 / 4 **Disp.** : rare ❍

Muscovite

Minéralogie : mica clair (phyllosilicate, monoclinique, primaire / tertiaire)

Indications : (S) protection ; (A) aide au détachement et au calme en cas de problèmes importants, de provocations, d'intrigues et d'attaques ; (M) aide à voir les choses en toute clarté tout en ne se laissant pas influencer ; (P) aide en cas de troubles gastriques, biliaires et rénaux, de tremblements et de nervosité.

Lit. : 2 **Disp.** : bonne ❍

Natrolite

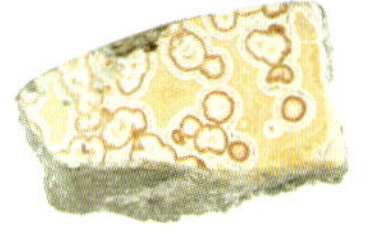

Minéralogie : zéolite fibreuse (tectosilicate, orthorhombique, primaire/tertiaire)

Indications : (S) globalité, identité ; (A) aide à faire confiance à sa voix intérieure ; (M) favorise les perceptions et considérations globales ; (P) régule les reins, la thyroïde et le système hormonal, fortifie l'intestin, le tissu conjonctif, les muscles et la peau.

Lit. : 2 **Disp.** : rare ❍

Néphrite

Minéralogie : fibres fines d'actinolite entremêlées (inosilicate, monoclinique, primaire/tertiaire)

Indications : (S) équilibre ; (A) protège contre la pression extérieure et l'agressivité, procure un équilibre intérieur ; (M) aide en cas d'indécision, de doute et de cogitation inutile ; (P) fortifie les reins, régule l'équilibre hydrique, aide en cas de troubles des voies urinaires et de la vessie.

Lit. : 1 / 2 / 3 **Disp.** : bonne ❍

Nickéline

Minéralogie: arsénite de nickel (rhomboédrique, secondaire)

Indications : (S) mesure, prudence ; (A) aide en cas de train de vie radical et destructeur ; (M) permet d'être plus attentif envers autrui ; (P) aide en cas de nodules dans les tissus et en cas d'éruptions. Attention : très toxique ! Évitez le contact avec la peau et évitez d'en absorber !

Lit. : inconnue **Disp.** : rare ❍

Nuummite

Minéralogie : roche d'anthophyllite (inosilicate, orthorhombique, tertiaire)

Indications : (S) honneur, respect ; (A) diminue la tension et le stress, favorise le sommeil profond ; (M) aide à se respecter soi-même et les autres et à remplir les obligations convenues ; (P) aide en cas de troubles nerveux ainsi qu'en cas de troubles des reins et des oreilles.

Lit. : inconnue **Disp.** : très rare ❍

Obsidienne

Minéralogie : verre volcanique (dioxyde de silicium, amorphe, primaire)

Indications : (S) dissolution ; (A) libère des chocs, traumatismes et blocages ; (M) aide à intégrer son propre côté sombre, active les facultés non développées ; (P) élimine les douleurs, les tensions et empêche le rétrécissement des artères, stimule l'irrigation et la cicatrisation.

Lit. : 1 / 2 / 3 **Disp.** : très bonne ❍

Obsidienne (larmes d'Apache)

Minéralogie : verre volcanique transparent (amorphe, primaire)

Indications : (S) atténuation de la douleur ; (A) élimine les douleurs psychiques et aide en cas de peurs, de panique et de chocs ; (M) aide à lâcher les idées fixes de malheur ; (P) soulage les foulures, les tensions, les maux de dos ainsi que les douleurs locales et ponctuelles.

Lit. : 1 / 2 / 3 **Disp.** : bonne ❍

Obsidienne (Obsidienne acajou-mahagony)

Minéralogie : verre volcanique brun noir (amorphe, primaire)

Indications : (S) élan ; (A) donne la pêche, favorise l'initiative et un nouvel élan ; (M) permet de dissiper le trouble résultant d'une vexation, d'une dévalorisation et de reproches déplacés ; (P) améliore l'irrigation et le réchauffement des membres, aide à stopper les hémorragies et favorise la cicatrisation.

Lit. : 1 / 2 **Disp.** : bonne ❍

Obsidienne (Obsidienne arc-en-ciel)

Minéralogie : verre volcanique avec chatoiement des couleurs d'arc-en-ciel (amorphe, primaire)

Indications : (S) clairvoyance ; (A) donne aux sentiments une profondeur insoupçonnée, protège et fortifie simultanément ; (M) rend ouvert, intensifie la perception et clarifie l'esprit ; (P) améliore l'irrigation, atténue les douleurs, aide en cas de faiblesse visuelle.

Lit. : 1 / 2 / 3 **Disp.** : bonne ❍

Obsidienne (Obsidienne argentée)

Minéralogie : verre volcanique avec chatoiement argenté (amorphe, primaire)

Indications : (S) conscience ; (A) met en lumière des états de conscience refoulés, aide à se défendre d'attaques spirituelles ; (M) améliore la perception, aiguise les sens et l'esprit ; (P) élimine les chocs au niveau cellulaire et met en mouvement des processus de guérison bloqués.

Lit. : 1 / 2 **Disp.** : rare ❍

Obsidienne (Obsidienne dorée)

Minéralogie : verre volcanique avec chatoiement doré (amorphe, primaire)

Indications : (S) guérison ; (A) aide à dépasser les conséquences des blessures psychiques ; (M) permet d'éliminer le pessimisme profondément enraciné ; (P) accélère la guérison des blessures, des plaies, des claquages, des foulures et des contusions.

Lit. : 2 **Disp.** : rare ❍

Obsidienne (Obsidienne flocons de neige)

Minéralogie : obsidienne avec du feldspath (amorphe / triclinique, primaire)

Indications : (S) nouvel élan ; (A) élimine les peurs et les blocages psychologiques ; (M) incite à la réalisation spontanée d'idées ; (P) améliore l'irrigation même en cas de sous-alimentation (artérite tabagique des membres inférieurs), réchauffe les pieds et les mains, favorise la cicatrisation.

Lit. : 1 / 2 **Disp.** : très bonne ❍

Œil-de-faucon

Minéralogie : quartz fibreux, bleu noir (rhomboédrique, primaire)

Indications : (S) avoir de la distance et du recul ; (A) aide en cas de nervosité et d'agitation intérieure ; (M) permet d'avoir d'avantage de vision d'ensemble dans des situations complexes et aide en cas de difficultés de décision ; (P) atténue les douleurs, aide en cas de tremblements et d'hyperfonction hormonale.

Lit. : 1 /2 **Disp.** : très bonne ❍

Œil-de-fer

Minéralogie : roche formée de couches d'hématite, de jaspe et d'œil de tigre (rhomboédrique, tertiaire)

Indications : (S) force de vie ; (A) aide à dépasser les difficultés ; (M) incite à concrétiser rapidement et résolument des solutions pragmatiques ; (P) aide en cas d'épuisement, de troubles circulatoires et de manque de fer, stimule l'hémoplastie et le transport de l'oxygène.

Lit. : 1 / 2 / 3 **Disp.** : bonne ❍

Œil-de-tigre

Minéralogie : quartz fibreux de couleur brun jaune (rhomboédrique, secondaire)

Indications : (S) compréhension, distance ; (A) aide en cas de stress, de situation pesante et d'ambiance surgissant de l'extérieur ; (M) aiguise les sens et aide à comprendre les choses lorsque les événements se précipitent ; (P) régule les surrénales et atténue les crises d'asthme.

Lit. : 1 / 2 / 3 **Disp.** : très bonne ❍

Œil-de-tigre/œil-de-faucon (Quartz)

Minéralogie : œil-de-faucon en mutation en œil-de-tigre (rhomboédrique, secondaire)

Indications : (S) sang-froid, distance ; (A) aide à garder son calme dans des situations extrêmes ; (M) favorise la rapidité de réflexion et l'action réfléchie ; (P) atténue les douleurs, régule les surrénales et aide en cas de crises d'asthme aiguës.

Lit. : 1 / 2 **Disp.** : bonne ❍

Olivine espagnole (Péridotite, Dunite)

Minéralogie : péridotite microcristalline (nésosilicate, orthorhombique, primaire)

Indications : (S) indépendance, protection ; (A) procure équilibre et sentiment d'être protégé ; (M) renforce la concentration et l'autodétermination ; (P) régule le métabolisme et l'interaction des organes intenes, aide à éliminer les corps étrangers.

Lit. : inconnue **Disp.** : très rare ❍

Onyx

Minéralogie : calcédoine noire (rhomboédrique, primaire / secondaire)

Indications : (S) capacité à s'imposer ; (A) fortifie la conscience et le sens des responsabilités ; (M) améliore la pensée objective, la logique, la maîtrise et la force d'argumentation ; (P) aiguise le sens auditif, aide en cas de maladies de l'oreille interne et améliore la fonction nerveuse.

Lit. : 1 / 2 **Disp.** : faible ❍

Oolite (Oolite ferrifère)

Minéralogie : petites sphères d'oxyde de fer dans du grès (diverses structures, secondaire)

Indications : (S) conscience de santé ; (A) freine la boulimie de travail, favorise le repos ; (M) canalise l'attention sur la santé et la forme physique ; (P) stimule l'irrigation sanguine et l'apport de nutriments dans les tissus, fortifie les nerfs, les muscles, l'intestin et la peau.

Lit. : 2 **Disp.** : faible ❍

Opale (Chrysopale, opale des Andes)

Minéralogie : opale contenant du cuivre (dioxyde de silicium, amorphe, secondaire)

Indications : (S) naturalité ; (A) libère les sentiments, élimine les sensations d'oppression, éclaircit l'humeur ; (M) aide à contempler le monde avec étonnement et à reconnaître le miracle de la vie ; (P) détoxique, fait baisser la fièvre, fortifie le foie et les reins.

Lit. : 1 / 2 **Disp.** : faible ❍

Opale (Hyalite, Opale d'eau)

Minéralogie : opale claire comme de l'eau sans irisation de couleur (amorphe, primaire)

Indications : (S) instinct ; (A) clarifie les sentiments, conduit à l'endroit juste au bon moment ; (M) aide à reconnaître et à exprimer des besoins intérieurs ; (P) stimule l'équilibre hydrique et fortifie les yeux, les oreilles, le sens olfactif et gustatif.

Lit. : 2 **Disp.** : très rare ❍

Opale (Opale des Andes, rose)

Minéralogie : opale manganésifère (dioxyde de silicium, amorphe, secondaire)

Indications : (S) cordialité ; (A) élimine les inhibitions, la honte et la timidité, favorise la capacité sensitive et l'affection ; (M) rend ouvert et amical en pensée comme en actes ; (P) aide en cas de troubles cardiaques, surtout en cas d'inquiétude concernant le cœur.

Lit. : 1 / 2 **Disp.** : faible ❍

Opale (Prasopale)

Minéralogie : opale nickélifère (dioxyde de silicium, amorphe, secondaire)

Indications : (S) absence de contrainte ; (A) libère de la peur, de l'insécurité et de la culpabilité ; (M) aide à se libérer par la parole ; (P) favorise la détoxication et le nettoyage des liquides corporels, fortifie le foie et les reins, aide en cas de rhumatisme et la goutte.

Lit. : 2 **Disp.** : rare ❍

Opale blanche (Opale laiteuse)

Minéralogie : opale blanche (dioxyde de silicium, amorphe, primaire/secondaire)

Indications : (S) ouverture sur les autres ; (A) rend ouvert et avenant, aide à accepter les autres et soi-même ; (M) favorise la communication, l'échange et la communauté ; (P) stimule le flux lymphatique, les reins, la vessie et la régulation de l'équilibre.

Lit. : 2 **Disp.** : faible ❍

Opale bleue

Minéralogie : opale bleue (dioxyde de silicium, amorphe, secondaire)

Indications : (S) bon flair ; (A) favorise l'intuition ; (M) améliore la communication, aide à comprendre les autres et à se faire comprendre ; (P) fait baisser la tension artérielle et la fièvre, stimule l'équilibre hydrique, la lymphe et les reins.

Lit. : 2 **Disp.** : faible ❍

Opale de feu

Minéralogie : opale noble ferrifère de couleur rouge à jaune (amorphe, primaire)

Indications : (S) envie de vivre, plaisir ; (A) rend impulsif, aide à se désinhiber, favorise la joie de vivre sa sexualité ; (M) suscite de l'enthousiasme pour les idées intéressantes ; (P) favorise l'énergie, développe les capacités de performance physique, stimule la circulation sanguine, la virilité et la fertilité.

Lit. : 1 / 2 / 3 **Disp.** : faible ❍

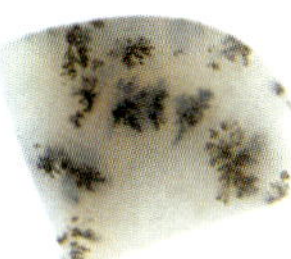

Opale dendritique

Minéralogie : opale aux dendrites de manganèse (amorphe, primaire / secondaire)

Indications : (S) contact ; (A) aide à rester ouvert et accessible malgré les mauvaises expériences ; (M) améliore le contact avec autrui et son environnement en général ; (P) draine, stimule le flux lymphatique et l'élimination, aide en cas de rhume et de séquelles tabagiques.

Lit. : 2 **Disp.** : faible ❍

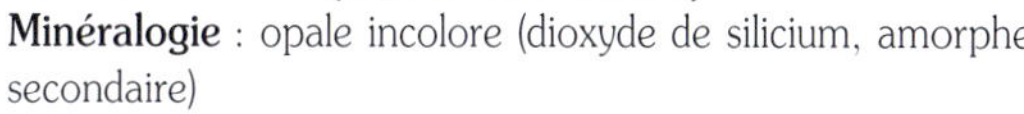

Opale incolore (Opale des Andes)

Minéralogie : opale incolore (dioxyde de silicium, amorphe, secondaire)

Indications : (S) apporte du mouvement dans la vie ; (A) rend flexible et aide à s'adapter à des situations changeantes ; (M) met en mouvement la pensée, les paroles et les actes ; (P) favorise le nettoyage de la peau et des voies respiratoires, stimule le flux de la lymphe et l'élimination.

Lit. : 1 / 2 **Disp.** : faible ❍

Opale matrix (Opale léopard)

Minéralogie : des bulles d'opale dans des roches basaltiques (amorphe, primaire)

Indications : (S) plaisir ; (A) intensifie tout vécu, approfondit les sentiments, apporte consolation aux moments d'angoisse et de deuil ; (M) favorise l'existence dans l'ici et maintenant ; (P) favorise la croissance, l'apport en nutriments et la régulation du métabolisme des cellules et des tissus.

Lit. : 2 **Disp.** : rare ❍

Opale mousse

Minéralogie : opale aux inclusions diverses (amorphe, primaire / secondaire)

Indications : (S) participation ; (A) aide à s'impliquer dans les relations et les groupes ; (M) permet d'aller à la rencontre d'autrui sans préjugés ; (P) nettoie la lymphe et les voies respiratoires, aide en cas de toux et de rhume, favorise le drainage, la digestion et l'élimination.

Lit. : 2 **Disp.** : faible ❍

Opale noble (Boulder opale)

Minéralogie : veines d'opale dans la matrice (opale : amorphe, secondaire)

Indications : (S) humour ; (A) rend extraverti et muunis d'une joie contagieuse ; (M) permet de traverser des circonstances difficiles avec courage ; (P) stimule la lymphe, les reins et l'estomac et améliore l'apport en nutriments dans les cellules.

Lit. : 1 / 2 / 3 **Disp.** : faible ❍

Opale noble (Crystal Opal)

Minéralogie : opale très transparente et irisant de toutes les couleurs (amorphe, secondaire)

Indications : (S) exubérance ; (A) procure joie, débordement et un profond sentiment de joie ; (M) inspire l'imagination, l'art et la poésie, rend créatif et plein d'esprit ; (P) améliore l'autorégulation de l'ensemble de l'organisme, maintient en bonne santé et favorise toute guérison.

Lit. : 2 / 3 **Disp.** : très rare ❍

Opale noble (Yowah opale)

Minéralogie : opale en filigrane dans la matrice (opale : amorphe, secondaire)

Indications : (S) rêve de vie ; (A) favorise un sentiment d'amour du corps et de l'existence terrestre, stimule les rêves diurnes et nocturnes ; (M) stimule l'imagination ; (P) stimule le système immunitaire et les forces d'autoguérison, aide en cas de maladies graves.

Lit. : 1 / 2 / 3 **Disp.** : faible ❍

Opale noble Opale blanche (Light Opal)

Minéralogie : opale noble, claire et multicolore (amorphe, secondaire)

Indications : (S) joie de vivre ; (A) permet de savourer les bons côtés de la vie, favorise la sensualité et l'érotisme ; (M) suscite l'enthousiasme, l'abondance des idées et la créativité ; (P) mobilise la lymphe, draine et aide en cas de toux et de maladies des voies respiratoires.

Lit. : 1 / 2 / 3 **Disp.** : faible ❍

Opale noble Opale noire (Black Opal)

Minéralogie : opale noire et multicolore (amorphe, secondaire)

Indications : (S) volonté de vivre ; (A) favorise l'acceptation de la vie, aide en cas de soucis et de dépression ; (M) aide à prendre les difficultés à la légère ; (P) stimule les processus de purification intense, le drainage, l'élimination et sert de reconstituant après une maladie.

Lit. : 1 / 2 / 3 **Disp.** : très rare ❍

Opale œil-de-chat

Minéralogie : opale chatoyante (amorphe, secondaire)

Indications : (S) capacité à appréhender les choses ; (A) sert de remontant en cas d'abattement, apporte espoir et confiance ; (M) permet de nouvelles considérations tout en mettant en avant les aspects positifs ; (P) stimule les nerfs et les organes sensoriels, améliore le toucher.

Lit. : 2 **Disp.** : très rare ❍

Opale verte

Minéralogie : mélange d'opale et de nontronite (amorphe / monoclinique, primaire)

Indications : (S) perspectives de vie ; (A) apporte un repos rapide en cas d'épuisement ; (M) aide en cas de perte d'orientation et canalise l'attention sur des contenus de vie épanouissants ; (P) stimule la régénération, fortifie le foie, les reins et les glandes sexuelles (ovaires, testicules).

Lit. : 1 / 2 **Disp.** : rare ❍

Opalite

Minéralogie : roche contenant de l'opale (opale : amorphe, secondaire)

Indications : (S) sociabilité ; (A) aide à diminuer la peur de tout contact et à s'impliquer dans les communautés ; (M) pour un bon contact avec l'environnement et autrui ; (P) favorise le drainage, la détoxication et l'élimination, nettoie le tissu conjonctif, l'intestin et les muqueuses.

Lit. : 2 **Disp.** : faible ❍

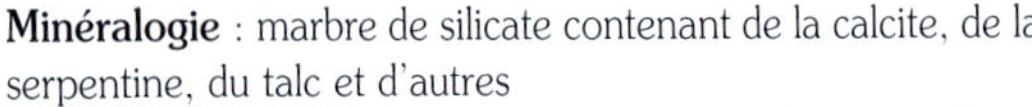

Ophicalcite (Connemara, Verd-antique)

Minéralogie : marbre de silicate contenant de la calcite, de la serpentine, du talc et d'autres

Indications : (S) réconfort, consolation ; (A) aide à développer de la confiance lors de circonstances malheureuses et à dépasser le deuil et la résignation ; (M) aide à penser tranquillement et de manière constructive ; (P) aide en cas de troubles cardiaques, rénaux, intestinaux, hépatiques et biliaires.

Lit. : 2 **Disp.** : rare ❍

Or

Minéralogie : métal noble, jaune (cubique, primaire, secondaire, tertiaire)

Indications : (S) embellissement ; (A) aide en cas d'insatisfaction, de sentiments d'infériorité et de dépression ; (M) aide à voir les choses positivement et à mieux les supporter (P) régule les glandes, les nerfs et la circulation sanguine, a ur effet réchauffant et fortifie les organes sexuels.

Lit. : 2 **Disp.** : rare ❍

Orthoclase (Orthose, Feldspath, Orthoclase doré)

Minéralogie : feldspath de potassium (tectosilicate, monoclinique, primaire)

Indications : (S) perception ; (A) rend optimiste, donne de ailes et rend heureux de vivre ; (M) atténue les soucis, le doutes et la méfiance, affine la perception ; (P) aide en cas de troubles gastriques, cardiaques, d'oppression dans la poitrine de nervosité et d'insomnie.

Lit. : 2 **Disp.** : faible ❍

Pallasite

Minéralogie : météorite de fer avec olivine (cubique / orthc rhombique, interplanétaire)

Indications : (S) source, motivation ; (A) libère de la dépendance et des liens limitants ; (P) incite à explorer ses propre mondes intérieurs ainsi qu'à examiner l'origine, le sens et nécessité de ses propres désirs ; (P) détoxique et fortifie foie, la vésicule, l'intestin et les muscles.

Lit. : 2 **Disp.** : très rare ❍

Palmier pétrifié

Minéralogie : palmier fossile transformé en quartz (rhomboédrique, secondaire)

Indications : (S) recueillement ; (A) rend les sentiments plus fluides et les ramène toujours à un état de calme ; (M) aide à rester bien concentré sur une chose et à réagir promptement ; (P) régule les liquides et le métabolisme dans tout l'organisme.

Lit. : 1 / 2 / 3 **Disp.** : faible ❍

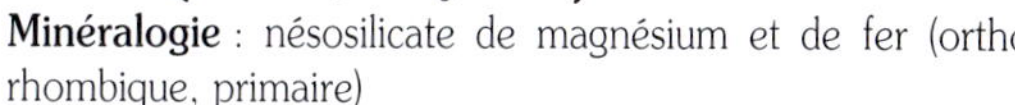

Péridot (Olivine, Chrysolite)

Minéralogie : nésosilicate de magnésium et de fer (orthorhombique, primaire)

Indications : (S) indépendance ; (A) dissipe la colère et la culpabilité ; (M) aide à dissiper les influences extérieures ainsi qu'à reconnaître ses fautes et à les réparer ; (P) fortifie le foie, la vésicule et l'intestin grêle, détoxique et aide en cas d'infections, de mycose et de verrues.

Lit. : 1 / 2 / 3 / 4 **Disp.** : bonne ❍

Pétalite

Minéralogie : phyllosilicate d'aluminium et de lithium (monoclinique, primaire)

Indications : (S) connaissance de soi, quête d'identité ; (A) aide à éliminer les sentiments sclérosés et à affronter ce qui est difficile plutôt qu'à le fuir ; (M) rend honnête et aide à dépasser les choses difficiles à reconnaître ; (P) atténue les douleurs aiguës, aide en cas de troubles cardiaques, nerveux et oculaires.

Lit. : 2 **Disp.** : rare ❍

Phlogopite

Minéralogie : mica de magnésium (phyllosilicate, monoclinique, tertiaire)

Indications : (S) don de soi, humilité, protection ; (A) aide à préserver l'innocence et la confiance ; (M) réduit les ambitions exagérées ; (P) atténue le mal des transports et les troubles dus aux tensions, détend la musculature, aide à l'accouchement.

Lit. : 2 **Disp.** : rare ❍

Piémontite

Minéralogie : épidote magnésifère (monoclinique / rhomboédrique, tertiaire)

Indications : (S) courage, confiance ; (A) aide à aller vers les autres, à assimiler les événements dérangeants, incite à une sexualité créative ; (M) aide à faire part de ses propres besoins ; (P) stimule le cœur, le foie, la régénération et la fertilité, fortifie les organes sexuels.

Lit. : 2 **Disp.** : bonne ❍

Pierre d'Eilat (Chrysocolle-Malachite-Azurite)

Minéralogie : mélange de cuivre et d'autres minéraux (monoclinique, secondaire)

Indications : (S) esthétique ; (A) favorise une vie affective harmonieuse, dynamique et variée ; (M) donne un sens affiné de la beauté et de l'harmonie ; (P) fortifie le foie, régule la croissance disharmonieuse des cellules et atténue les troubles menstruels.

Lit. : 2 **Disp.** : très rare ❍

Pierre de lune (Feldspath)

Minéralogie : feldspath chatoyant (monoclinique, primaire)

Indications : (S) intuition ; (A) procure de la profondeur aux sentiments, aide en cas de somnambulisme ; (M) ouvre à l'inspiration et aux impulsions ; (P) met en harmonie les cycles hormonaux et les cycles de la nature, aide en cas de troubles menstruels, après un accouchement et lors de la ménopause.

Lit. : 1 / 2 / 3 **Disp.** : bonne ❍

Pierre de soleil (Hématite-Feldspath)

Minéralogie : feldspath brun, scintillant (tectosilicate, triclinique, primaire)

Indications : (S) optimisme ; (A) aide à dire oui à la vie, atténue les peurs, les soucis et la dépression ; (M) canalise le regard sur ses propres forces et sur les côtés ensoleillés de la vie ; (P) harmonise le système nerveux végétatif et l'interaction entre les organes.

Lit. : 1 / 2 **Disp.** : bonne ❍

Piétersite

Minéralogie : brèche de l'œil-de-faucon et de l'œil-de-tigre (rhomboédrique,secondaire)

Indications : (S) changement ; (A) aide dans les moments difficiles, élimine les sentiments désagréables ; (M) aide à assimiler plus rapidement ses impressions et à dépasser les conflits ; (P) atténue les maux de tête, les troubles nerveux et respiratoires, la pesanteur d'estomac et les vertiges.

Lit. : 1 / 2 **Disp.** : faible ❍

Plasma

Minéralogie : calcédoine verte (quartz, rhomboédrique, primaire / secondaire)

Indications : (S) apaisement ; (A) aide en cas d'irritabilité et d'agressivité, favorise la résistance ; (M) équilibre lors d'actes et de pensées nerveuses et volage ; (P) stimule le système immunitaire, la capacité de régénération, atténue les inflammations.

Lit. : 2 **Disp.** : rare ❍

Pophyrite (Porphyre-à-fleurs)

Minéralogie : feldspath dans une matrice d'andésite (feldspath : triclinique, primaire)

Indications : (S) circonspection ; (A) rend patient et constant dans les périodes de renouveau ; (M) permet de laisser mûrir longtemps les idées avant de les réaliser, incite à prendre toutes les précautions nécessaires ; (P) apaise et fortifie les nerfs, stimule les sens, maintient la souplesse musculaire.

Lit. : 1 / 2 **Disp.** : faible ❍

Porcelanite (Porcelanite orbiculaire)

Minéralogie : argile métamorphique (phyllosilicate, monoclinique / triclinique, tertiaire)

Indications : (S) capacité de discernement ; (A) aide à mieux percevoir les sentiments ; (M) améliore la capacité à distinguer sens, valeur et importance ; (P) aide en cas d'acné, d'éruptions cutanées, d'hyperacidité et de fatigue chronique.

Lit. : 2 **Disp.** : rare ❍

Porcelanite (Porcelanite paysage)

Minéralogie : argile métamorphique (phyllosilicate, monoclinique/triclinique, tertiaire)

Indications : (S) capacité de réalisation ; (A) aide à exprime les sentiments ; (M) stimule la créativité et la capacité de réalisation ; (P) aide en cas d'hyperacidité, nettoie le tissu conjonctif, la peau, l'intestin et les voies respiratoires, favorise l'élimination et vivifie en cas de fatigue chronique.

Lit. : 2 **Disp.** : rare ○

Porphyrite (Pierre chrysanthème)

Minéralogie : feldspath dans une matrice d'andésite (feldspath : triclinique, primaire)

Indications : (S) circonspection ; (A) procure une activit calme et réfléchie, aide en cas de nervosité résultant d'ur excès de stimulations ; (M) aide à attendre et à saisir le moment propice pour mettre en œuvre des idées ou de projets ; (P) apaise et fortifie les nerfs et les sens.

Lit. : 1 / 2 **Disp.** : faible ○

Porthyrite (Jaspe dalmatien, Aplite-Granit)

Minéralogie : aplite-granit avec amphibole (monoclinique / rhomboédrique, primaire)

Indications : (S) réflexion ; (A) fortifiant, reconstituant e équilibrant sur un plan émotionnel ; (M) incite à bien réfléchi à ses projets, à bien mûrir chaque étape et à les réalise ensuite de manière dynamique ; (P) stimule les nerfs et la capacité de réaction.

Lit. : 1 / 2 **Disp.** : bonne ○

Prase ou **Prasem**

Minéralogie : cristal de quartz à inclusions de silicate (rhomboédrique, primaire)

Indications : (S) caractère paisible ; (A) apaise les humeur échauffées, facilite la résolution des conflits ; (M) aide au personnes rancunières à se défaire du passé ; (P) atténue le douleurs, fait baisser la fièvre, permet de résorber les enflure et les contusions, aide en cas de troubles de la vessie.

Lit. : 1 / 2 / 3 / 4 **Disp.** : rare ○

Prasiolite-améthyste (Sambésite)

Minéralogie : cristal de quartz, vert violet (quartz, rhomboédrique, primaire)

Indications : (S) authenticité, capacité à s'imposer ; (A) aide à rester fidèle à ses propres sentiments ; (M) incite à défendre résolument ses convictions ; (P) régule la respiration, le cœur et la circulation, excellent pour les cheveux et les ongles, élimine les tensions, favorise l'élimination.

Lit. : 2 **Disp.** : très rare ❍

Prehnite jaune

Minéralogie : sorosilicate de calcium et d'aluminium (orthorhombique, primaire)

Indications : (S) respect ; (A) favorise le respect des autres, aide à exiger le respect ; (M) élimine les mécanismes de refoulement et d'évitement ; (P) favorise la détoxication des matières liposolubles et la capacité d'assimilation, stimule le métabolisme des lipides et aide en cas de surpoids.

Lit. : 1 / 2 **Disp.** : faible ❍

Prehnite verte

Minéralogie : sorosilicate de calcium et d'aluminium (ortho - rhombique, primaire)

Indications : (S) acceptation ; (A) facilite l'acceptation de soi et des autres ; (M) aide à accepter des vérités désagréables et favorise la capacité d'assimilation ; (P) favorise la détoxication des matières liposolubles, stimule le métabolisme des graisses et les processus de renouvellement.

Lit. : 1 / 2 **Disp.** : faible ❍

Printstone (Grès)

Minéralogie : grès de quartz ferrifère (rhomboédrique, secondaire)

Indications : (S) bien-être ; (A) permet de bien dormir, de bien se reposer et d'atteindre une sorte de sensation de « vacances » joyeuse et sensuelle ; (M) améliore la conscience corporelle ; (P) stimule tout en douceur la circulation, la respiration, la digestion et l'élimination.

Lit. : 2 **Disp.** : faible ❍

Psilomélane

Minéralogie : hydroxyde de manganèse (orthorhombique, primaire/secondaire)

Indications : (S) lenteur ; (A) aide à dépasser les expériences négatives ; (M) freine les jugements hâtifs et aide à économiser ses forces et ses ressources ; (P) fortifie en cas de sollicitations prenantes, stimule l'intestin, stabilise la circulation et protège le cœur.

Lit. : 2 **Disp.** : faible ❍

Purpurite

Minéralogie : phosphate de manganèse et de fer (orthorhombique, primaire)

Indications : (S) inspiration ; (A) aide en cas de fatigue, d'épuisement et d'abattement ; (M) améliore l'éveil, la conscience des choses, la capacité de concentration et d'assimilation ; (P) procure de l'énergie en cas de faiblesse cardiaque et de troubles fonctionnels des organes sensoriels.

Lit. : 2 **Disp.** : rare ❍

Pyrite (cube)

Minéralogie : sulfure de fer en cubes (cubique, tertiaire)

Indications : (S) miroir ; (A) incite à chercher avec persévérance une solution dans les conflits ; (M) permet de prendre conscience que beaucoup d'éléments qui nous dérangent chez les autres, existent également chez nous ; (P) clarifie les pathologiques incertaines et fait ressortir les symptômes initiaux.

Lit. : 1 / 2 **Disp.** : bonne ❍

Pyrite (en groupes)

Minéralogie : sulfure de fer, couleur du laiton (cubique, primaire/secondaire)

Indications : (S) connaissance de soi ; (A) révèle les secrets et les souvenirs refoulés ; (M) rend ouvert, direct et honnête, met en lumière les causes de certaines situations et de certaines maladies ; (P) stimule le foi et l'intestin, favorise la détoxication et l'élimination.

Lit. : 1 / 2 **Disp.** : bonne ❍

Pyrite (Soleil)

Minéralogie : sulfure de fer fibroradié (cubique, tertiaire)

Indications : (S) délie ; (A) aide à rire de soi-même ; (M) libère des idées fixes de malheur, de la détresse et de la peine ; (P) atténue les douleurs, notamment les maux de dos et des articulations, élimine les crampes, notamment en cas de troubles menstruels.

Lit. : 1 / 2 / 3 **Disp.** : très rare ❍

Pyrophyllite

Minéralogie : phyllosilicate basique d'aluminium (monoclinique, primaire)

Indications : (S) autodétermination ; (A) aide à délimiter son propre périmètre et à bien se centrer dans les situations confuses ; (M) aide à se défaire d'aspirations qui ne nous appartiennent pas ; (P) aide en cas d'hyperacidité, de troubles gastriques et de brûlures d'estomac.

Lit. : inconnue **Disp.** : rare ❍

Quartz (Quartz fraise)

Minéralogie : quartz couleur fraise, coloré par du manganèse (rhomboédrique, primaire)

Indications : (S) cause et effet ; (A) aide à ne pas se prendre trop au sérieux, apporte plaisanterie et humour ; (M) montre comment l'on crée soi-même les causes de son propre malheur et de ses échecs ; (P) aide en cas d'agitation, d'oppression, de troubles circulatoires et cardiaques.

Lit. : 2 **Disp.** : bonne ❍

Quartz améthyste (Améthyste chevron)

Minéralogie : cristal de quartz rubané mauve et blanc (rhomboédrique,primaire)

Indications : (S) sobriété, pureté, recueillement, calme ; (A) a un effet reconstituant en cas de fatigue chronique et dissipe les états soucieux permanents ; (M) contribue à dissiper les attachements trop forts et les comportements de dépendance ; (P) excellent pour les poumons, le gros intestin et la peau, atténue les démangeaisons et les coups de soleil.

Lit. : 1 / 2 / 3 / 4 **Disp.** : très bonne ❍

Quartz avec hématite

Minéralogie : petites lamelles d'hématite dans du cristal de quartz (rhomboédrique, primaire)

Indications : (S) vitalité ; (A) fortifie, vivifie et réconforte, stimule le courage et l'enthousiasme ; (M) aide à répartir de manière adéquate ses propres forces pour pouvoir effectuer des efforts physiques et intellectuels ; (P) favorise l'hémoplastie, stabilise la circulation, fortifie les muscles, les nerfs et les sens.

Lit. : 2 **Disp.** : faible ❍

Quartz blanc (Quartz neigeux)

Minéralogie : quartz massif, opaque (dioxyde de silicium, rhomboédrique, primaire)

Indications : (S) soutien, attention ; (A) aide à prendre acte de son propre potentiel et à le vivre ; (M) permet de s'exprimer de manière neutre et concrète ; (P) procure de l'énergie dans les régions sous-alimentées, aide en cas de faiblesse, fortifie la colonne vertébrale et les articulations.

Lit. : 2 **Disp.** : bonne ❍

Quartz doré (Œil-de-tigre)

Minéralogie : œil-de-tigre contenant beaucoup de quartz (rhomboédrique,secondaire)

Indications : (S) capacité de s'affirmer ; (A) aide à pouvoir résister aux difficultés sans perdre courage ; (M) aide à assimiler ses impressions et à pouvoir se concentrer sur l'essentiel ; (P) détend et aide en cas de crises graves d'asthme.

Lit. : 2 / 3 **Disp** : rare ❍

Quartz fumé fantôme

Minéralogie : quartz fumé montrant des étapes de croissance (rhomboédrique, primaire)

Indications : (S) dépassement de soi ; (A) atténue la peur de l'échec ou d'avoir mal ; (M) aide à traverser les choses difficiles et oppressantes et à grandir grâce à elles ; (P) fortifie les sens et les nerfs, aide en cas de douleurs et de tensions.

Lit. : 1 / 2 **Disp.** : rare ❍

Quartz fumé

Minéralogie : cristal de quartz brun (rhomboédrique, primaire)

Indications : (S) relaxation ; (A) diminue les tensions et aide en cas de stress ; (M) favorise les réflexions réalistes et pragmatiques ; (P) aide en cas de maux de tête, de tensions dans la nuque et dans le dos ; atténue les douleurs et fortifie les nerfs.

Lit. : 1 / 2 / 3 **Disp.** : bonne ❍

Quartz fumé, foncé (Morion)

Minéralogie : cristal de quartz foncé à noir (rhomboédrique, primaire)

Indications : (S) résistance ; (A) aide à mieux supporter l'effort et le stress ; (M) rend vif et travailleur, aide à se mettre à la tâche énergiquement pour affronter les choses nécessaires ; (P) atténue les douleurs et aide en cas d'expositions fréquentes aux rayonnements (rayons X par exemple).

Lit. : 1 / 2 **Disp.** : rare ❍

Quartz girasol (Quartz laiteux)

Minéralogie : cristal de roche troublé par de l'eau ou de rutile (rhomboédrique, primaire)

Indications : (S) clarification, autonomie ; (A) rend calme, équilibré, ouvert et résistant, favorise la résolution des problèmes en rêve ; (M) améliore la perception et la vue d'ensemble, favorise la pensée claire, précise et rapide ; (P) active et dissipe les troubles persistants.

Lit. : 2 **Disp.** : faible ❍

Quartz Gwindel

Minéralogie : groupe de cristaux de quartz légèrement torsadés (rhomboédrique, primaire)

Indications : (S) orientation, transformation ; (A) met fin à la confusion et à l'insécurité ; (M) aide à retrouver ses repères dans des situations compliquées ; (P) mobilise et canalise les flux énergétiques, diminue les tensions, atténue les crampes et les maux de dos.

Lit. : 1 **Disp.** : très rare ❍

Quartz Herkimer (Cristal de roche)

Minéralogie : cristal biterminé très clair, provenant de Herkimer, USA (rhomboédrique, primaire)

Indications : conscience des choses, clarté ; (A) améliore la mémoire des rêves et l'orientation psychique ; (M) favorise la conscience et l'élargissement de la conscience ; (P) atténue les douleurs (en posant trois cristaux en triangle), stimule les nerfs, le cerveau et les sens.

Lit. : 2 / 3 **Disp.** : faible ❍

Quartz laser (Cristal de roche)

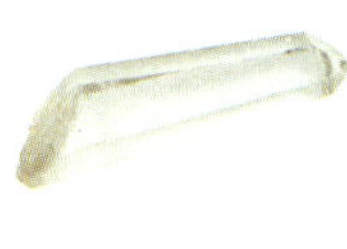

Minéralogie : cristal de roche ayant l'habitus conique jusqu'à la pointe (rhomboédrique, primaire)

Indications : (S) focalisation ; (A) aide à concentrer ses propres forces et à mobiliser ses réserves ; (M) fortifie l'intention spirituelle, concentre les pensées sur un but actuel ; (P) canalise les flux énergétiques vers la pointe, agit de manière très stimulante sur les méridiens et les nerfs.

Lit. : 2 **Disp.** : rare ❍

Quartz lavande (Calcédoine mauve)

Minéralogie : calcédoine mauve (rhomboédrique, secondaire)

Indications : (S) compréhension, délicatesse ; (A) associe calme et attention, favorise la sensibilité aux besoins d'autrui ; (M) favorise la compréhension des choses et la disponibilité permanente à continuer à apprendre ; (P) fortifie les nerfs, stimule la sécrétion glandulaire et baisse la tension.

Lit. : 2 **Disp.** : faible ❍

Quartz œil-de-chat

Minéralogie : quartz à inclusions de fibres d'amphibole (rhomboédrique / monoclinique, primaire)

Indications : (S) vue d'ensemble, distance ; (A) favorise la distanciation et aide en même temps à surmonter des barrières trop importantes ; (M) facilite la compréhension des contextes complexes ; (P) atténue les douleurs, calme les nerfs et aide en cas d'hyperfonction hormonale.

Lit. : 2 / **Disp.** : faible ❍

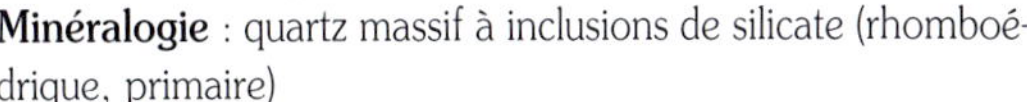

Quartz prase (Budstone)

Minéralogie : quartz massif à inclusions de silicate (rhomboédrique, primaire)

Indications : (S) maîtrise de soi ; (A) facilite le renoncement à la colère ; (M) aide à ne pas perdre la maîtrise de soi en cas de réactions émotionnelles ; (P) atténue les effets des rayonnements, les coups de soleil, les coups de chaleur et les piqûres d'insectes, aide en cas de troubles de la vessie.

Lit. : 1 / 2 / 3 / 4 **Disp.** : faible ❍

Quartz rose

Minéralogie : quartz massif de couleur rose (dioxyde de silicium, rhomboédrique, primaire)

Indications : (S) sensibilité ; (A) augmente la capacité intuitive, aide en cas de difficultés sexuelles ; (M) met en lumière ses propres besoins et les désirs d'autrui ; (P) harmonise le rythme cardiaque, stimule les organes sexuels et la fertilité.

Lit. : 1 / 2 / 3 **Disp.** : très bonne ❍

Quartz rose, cristallisé

Minéralogie : cristal de quartz, rose (dioxyde de silicium, rhomboédrique, primaire)

Indications : (S) épanouissement de soi ; (A) rend vivant, donne joie de vivre et gaieté, favorise ses propres dispositions ; (M) aide à s'épanouir avec ses talents et à créer une ambiance qui fait du bien ; (P) procure du bien-être, calme les nerfs et les sens trop sollicités.

Lit. : 2 **Disp.** : très rare ❍

Quartz rose, étoilé

Minéralogie : quartz rose à étoile formée par des inclusions de rutile (rhomboédrique, primaire)

Indications : (S) compassion ; (A) permet de s'ouvrir, de devenir serviable, capable d'aimer et romantique ; (M) favorise une vie commune harmonieuse ; (P) aide en cas de maladies du coeur, du sang et des organes sexuels, affine la perception sensorielle.

Lit. : 1 / 2 / 3 **Disp.** : rare ❍

Quartz soufre

Minéralogie : cristal de quartz de couleur du soufre (rhomboédrique, primaire)

Indications : (S) clarification ; (A) aide à dissiper la colère, le manque d'envie, la contrariété et l'irrésolution ; (M) permet de clarifier raisonnablement les conflits et les causes des misères de toute sorte ; (P) stimule l'élimination et aide en cas d'impuretés cutanées.

Lit. : inconnue **Disp.** : rare ❍

Quartz-Actinolite

Minéralogie : cristal de quartz à inclusions d'actinolite (rhomboédrique / monoclinique, primaire)

Indications : (S) réorientation, conscience, correction de cap ; (A) favorise la sensation du bon moment ; (M) aide à dépasser les fautes et les erreurs ; (P) stimule le foie et les reins ainsi que le métabolisme, la détoxication et l'élimination.

Lit. : 1 / 2 **Disp.** : rare ❍

Quartz-Épidote

Minéralogie: quartz avec des aiguilles d'épidote (rhomboédrique / monoclinique, primaire)

Indications : (S) essor ; (A) procure courage et espoir après de fortes déceptions ; (M) améliore les performances et la capacité à évaluer les choses avec justesse ; (P) apporte rapidement de nouvelles forces, atténue les douleurs et aide en cas de contusions et de foulures.

Lit. : 2 **Disp.** : rare ❍

Quartz-Ilménite

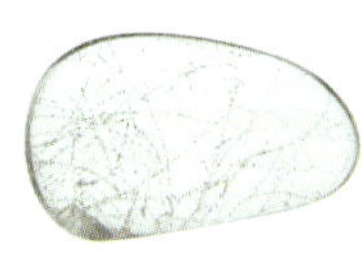

Minéralogie : aiguilles d'ilménite dans du quartz (oxyde, rhomboédrique, primaire)

Indications : (S) inspiration, image ; (A) permet de mieux mettre en valeur sa personnalité, son caractère et ses capacités ; (M) aide à faire la différence entre inspiration et illusion et permet d'oser des actions d'éclat ; (P) en cas de phénomènes de rétrécissement, de dégénération et d'usure.

Lit. : 2 **Disp.** : rare ❍

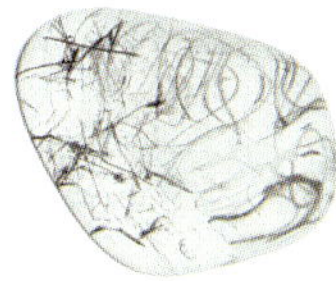

Quartz-Jamesonite

Minéralogie : aiguilles de jamesonite dans du quartz (monoclinique / rhomboédrique, primaire)

Indications : (S) soumission ; (A) apporte la discipline pour se défaire d'habitudes nocives ; (M) aide à subordonner des intérêts personnels aux idéaux supérieurs ; (P) aide en cas de faiblesse immunitaire ainsi qu'en cas de troubles nerveux, osseux et cutanés, favorise la détoxication.

Lit. : 2 **Disp.** : très rare ❍

Quartz-Nickel

Minéralogie : quartz massif contenant du nickel (rhomboédrique, primaire)

Indications : (S) révélation, aveu ; (A) permet d'exprimer plus facilement une colère et une discorde ; (M) aide à dissiper des malentendus et à reconnaître ses fautes ; (P) favorise la détoxication, aide en cas de vertiges et de troubles de l'équilibre.

Lit. : inconnue **Disp.** : rare ❍

Quartz-Rutile, bleu (groupe de quartz bleu)

Minéralogie : cristal de quartz avec des fines fibres de rutile (rhomboédrique, primaire)

Indications : (S) sens des réalités ; (A) procure un sentiment d'ouverture et de légèreté, favorise la maîtrise de la sexualité, en particulier en cas d'éjaculation précoce ; (M) favorise la pensée et l'action pragmatiques ; (P) atténue les douleurs, a un effet raffraichissant et fait chuter la fièvre, aide en cas de bronchite.

Lit. : 2 **Disp.** : faible ❍

Quartz-Rutile, jaune

Minéralogie : fibres de rutile jaune dans du quartz (quadratique/rhomboédrique, primaire)

Indications : (S) espoir, indépendance ; (A) éclaircit l'humeur, libère des peurs inavouées ; (M) aide à se libérer d'implications dans des contraintes supposées nécessaires; (P) permet d'éliminer les mucosités de la toux et aide en cas de bronchite chronique.

Lit. : 1 / 2 / 3 **Disp.** : bonne ❍

Quartz-Rutile, rouge

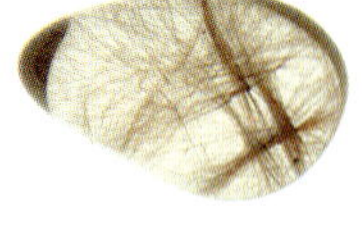

Minéralogie : des fibres de rutile rouge dans du quartz (quadratique/rhomboédrique, primaire)

Indications : (S) grandeur, vision ; (A) aide en cas de problèmes sexuels et de troubles de l'érection et d'éjaculation précoce ; (M) aide à penser grand et à ne pas donner une dimension trop étriquée à ses propres visions ; (P) stimule la régénération des cellules et aide en cas de constipation et de troubles intestinaux.

Lit. : 1 / 2 / 3 **Disp.** : faible ❍

Quartz-Rutile, transparent

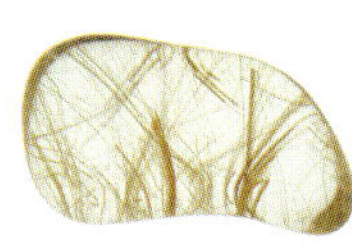

Minéralogie : peu de fibres de rutile dans du quartz (quadratique / rhomboédrique, primaire)

Indications : (S) ouverture ; (A) libère des oppressions intérieures et procure la sensation d'ouverture et de liberté ; (M) aide à développer de nouveaux concepts de vie et à affronter l'avenir avec confiance ; (P) aide en cas d'allergies, d'asthme, de troubles respiratoires et cardiaques.

Lit. : 1 / 2 / 3 **Disp.** : faible ❍

Quartz-Tourmaline

Minéralogie : des aiguilles de tourmaline noire (schorl) dans du quartz (rhomboédrique, primaire)

Indications : (S) relier les polarités ; (A) aide à résoudre les conflits et les combats intérieurs ; (M) permet de mettre les contraires en harmonie (P) dissipe les tensions, les crispations, les nodules, maintient la vitalité et la mobilité, favorise la purification et l'élimination, fortifie les nerfs.

Lit. : 1 / 2 / 3 **Disp.** : bonne ❍

Rhodocrosite

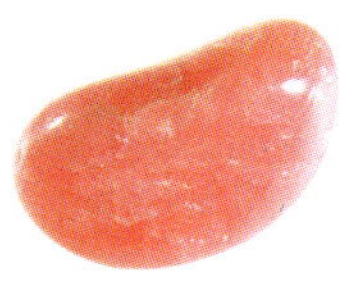

Minéralogie : carbonate de manganèse rose à rouge (rhomboédrique, secondaire)

Indications : (S) activité ; (A) rend joyeux et éveillé, stimule la sexualité et l'érotisme ; (M) rend dynamique, affairé, permet de s'acquitter facilement des tâches de travail ; (P) stimule la circulation, augmente la pression artérielle, aide en cas de troubles abdominaux et de migraine.

Lit. : 1 / 2 / 3 **Disp.** : faible ❍

Rhodonite

Minéralogie : inosilicate de calcium et de manganèse (triclinique, tertiaire)

Indications : (S) cicatrisation ; (A) aide à pardonner ; (M) favorise la compréhension réciproque ; (P) excellent en cas de blessures, de saignements, de plaies et de piqûres d'insectes, fortifie les muscles, le cœur et la circulation, aide en cas de maladies auto-immunes et d'ulcère à l'estomac.

Lit. : 1 / 2 / 3 **Disp.** : bonne ❍

Rhyolite (Jaspe léopard)

Minéralogie : vulcanite riche en acide silicique (diverses structures, primaire)

Indications : (S) consolidation ; (A) pour l'équilibre entre activité et repos avec un sommeil profond et réparateur ; (M) clarifie ce qui est à faire – sans nouvelles impulsions ; (P) stimule la digestion et l'élimination, aide en cas de troubles cutanés et de durcissement de certains tissus.

Lit. : 1 / 2 **Disp.** : très bonne ❍

Rhyolite (Jaspe orbiculaire, Jaspe des forêts tropicales)

Minéralogie : vulcanite riche en acide silicique (diverses structures, primaire)

Indications : (S) intensification ; (A) fortifie sans changement les états existants, aide à s'accepter comme on est ; (M) permet de voir plus clairement sa situation et de mieux l'évaluer ; (P) atténue les effets de la grippe, des rhumes et des infections.

Lit. : 1 / 2 **Disp.** : bonne ❍

Rhyolite (Pierre de Dr Liesegang, Pierre d'Aztèques)

Minéralogie : vulcanite riche en acide silicique (diverses structures, primaire)

Indications : (S) fortification ; (A) fortifie l'état dans lequel on est, favorise l'estime de soi ; (M) aide à maîtriser avec assurance et calme les situations difficiles ; (P) favorise la capacité de résistance et le système immunitaire, stimule l'intestin grêle et le gros intestin.

Lit. : 2 **Disp.** : faible ❍

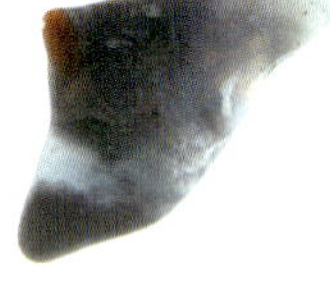

Richtérite

Minéralogie : inosilicate, riche en minéraux (monoclinique, tertiaire)

Indications : (S) sagesse, prévision ; (A) procure un sens du moment juste et de ce qu'il faut faire ; (M) élargit l'horizon propre, aide à reconnaître suffisamment tôt les tendances à l'évolution et à les évaluer ; (P) stimule les reins et régule l'équilibre en sels minéraux.

Lit. : inconnue **Disp.** : très rare ❍

Rose des sables

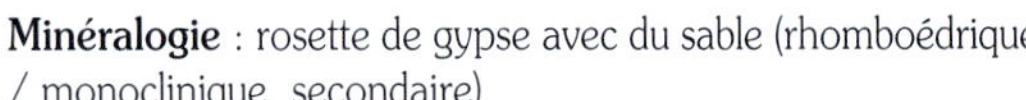

Minéralogie : rosette de gypse avec du sable (rhomboédrique / monoclinique, secondaire)

Indications : (S) forme et structure, (A) stabilise le vécu émotionnel, freine les emportements ou les éruptions incontrôlés ; (M) favorise l'équilibre juste entre différents désirs et aspirations ; (P) consolide le tissu conjonctif et favorise la stabilité osseuse.

Lit. : 2 **Disp.** : bonne ❍

Rosette de calcédoine

Minéralogie : formation de calcédoine en rosette (rhomboédrique, primaire)

Indications : (S) épanouissement ; (A) rend hospitalier et facilite les contacts ; (M) aide à se montrer ouvert et à s'exprimer sans mâcher les mots ; (P) aide en cas de troubles de l'estomac, de la peau, des muqueuses, des voies respiratoires, des glandes, du tissu et des organes sensoriels (selon la signature).

Lit. : 1 / 2 **Disp.** : bonne ❍

Rubis

Minéralogie : corindon chromifère (rhomboédrique, primaire / le plus souvent tertiaire)

Indications : (S) passion, joie de vivre ; (A) favorise le courage et la vertu, stimulant sexuel ; (M) favorise l'engagement et la disposition à la performance ; (P) fait monter la fièvre, augmente la tension, stimule la circulation, les surrénales et les organes sexuels.

Lit. : 1 / 2 / 3 **Disp.** : bonne ❍

Rubis étoilé

Minéralogie : rubis à étoile formée par des inclusions de rutile (rhomboédrique, tertiaire)

Indications : (S) élan, mouvement ; (A) favorise la sensualité et la sexualité, rend optimiste et donne de la joie de vivre ; (M) aide à évaluer avec justesse ses propres forces ; (P) réchauffe, irrigue, stabilise la circulation, fortifie la rate et les organes sexuels.

Lit. : 1 / 2 / 3 **Disp.** : rare ❍

Rubis-Disthène

Minéralogie : rubis entouré de disthène (rhomboédrique / triclinique, tertiaire)

Indications : (S) résolution, réalisation de soi ; (A) joie de vivre, dépassement de soi, force ; (M) dépassement des crises, attitude conséquente ; (P) aide en cas de troubles nerveux, de troubles circulatoires, de troubles du rythme cardiaque et de sensations d'oppression dans la poitrine.

Lit. : inconnue **Disp.** : très rare ❍

Rubis-Disthène-Fuchsite

Minéralogie : rubis dans du disthène et fuchsite (rhomboédrique / triclinique / monoclinique, tertiaire)

Indications : (S) protection et autodétermination ; (A) sérénité, diminution de la tension, atténuation des souffrances, permet de bien dormir ; (M) permet de résoudre soi-même ses problèmes; (P) aide en cas de paralysie, de rhumatisme, d'inflammations, de maladies cutanées, de troubles cardiaques et de problèmes de dos.

Lit. : inconnue **Disp.** : très rare ❍

Saphir

Minéralogie : corindon (oxyde d'aluminium, rhomboédrique, primaire / le plus souvent tertiaire)

Indications : (S) force et acuité d'esprit ; (A) procure une inébranlable tranquillité intérieure ; (M) aide à rassembler ses idées et à les canaliser de toutes ses forces vers un but ; (P) antalgique, fortifiant pour les nerfs, permet de faire baisser la fièvre et la pression artérielle.

Lit. : 1 / 2 **Disp.** : bonne ❍

Saphir étoilé

Minéralogie : corindon à étoile formée par des inclusions de fibres de rutile (rhomboédrique, tertiaire)

Indications : (S) amour de la vérité, recueillement ; (A) a un effet apaisant et aide en cas de dépression et d'idées folles ; (M) rend objectif et incite à faire son examen de conscience quant à sa propre intégrité et fiabilité, et à mettre celle des autres à l'épreuve ; (P) aide en cas de maladies intestinales, cérébrales et nerveuses.

Lit. : 1 / 2 **Disp.** : rare ❍

Sardoine

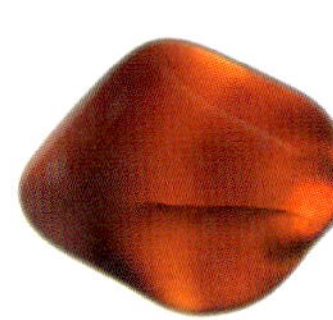

Minéralogie : calcédoine brune (quartz, rhomboédrique, primaire / secondaire)

Indications : (S) force de cœur ; (A) aide à travailler sur ses déceptions et à prendre fait et cause pour quelqu'un ; (M) aide à maîtriser des situations difficiles et pesantes ; (P) améliore l'irrigation du cœur, aide en cas de faiblesse ou d'arythmie cardiaque.

Lit. : 1 / 2 / 3/ 4 **Disp.** : faible ❍

Sardonyx

Minéralogie : calcédoine, sardoine, onyx (rhomboédrique, primaire / secondaire)

Indications : (S) perception sensorielle, vertu ; (A) pour la droiture et la force de caractère ; (M) affine la perception et favorise son intégration ; (P) stimule tous les sens, aide en cas de troubles auriculaires et de tinnitus, fortifie la rate, empêche les rechutes.

Lit. : 1 / 2 / 3 / 4 **Disp.** : faible ❍

Scapolite

Minéralogie : tectosilicate riche en minéraux (quadratique, primaire / tertiaire)

Indications : (S) aisance naturelle ; (A) allège l'humeur, favorise le oui à la vie, aide à être fidèle à soi-même ; (M) dissipe les idées fixes, élargit l'horizon intellectuel, permet de briser les interdits intellectuels ; (P) aide en cas de troubles rénaux et oculaires.

Lit. : 2 **Disp.** : rare ❍

Schalenblende (Sphalérite-Wurtzite)

Minéralogie : sphalérite/wurtzite (sulfure de zinc, cubique / hexagonal, primaire)

Indications : (S) transformation, changement ; (A) aide à survivre à des changements dramatiques ; (M) met un terme à une cogitation stérile ; (P) excellent pour le cerveau, la peau, la rétine, le sens olfactif et gustatif, la prostate et les glandes génitales, protège des substances toxiques et des rayonnements.

Lit. : 1 / 2 **Disp.** : faible ❍

Sélénite (Gypse fibreux)

Minéralogie : sulfate de calcium fibreux (monoclinique, secondaire)

Indications : (S) protection, contrôle, soutien ferme ; (A) apaise en cas d'irritabilité et d'hyperactivité, prévient la perte de maîtrise de soi, aide à se retirer ; (P) perception consciente et dissipation de ses propres schémas ; (P) fortifie les tissus et atténue la douleur.

Lit. : 2 **Disp.** : bonne ❍

Septaria

Minéralogie : calcite dans des nodules d'argile (rhomboédrique / triclinique / monoclinique, secondaire)

Indications : (S) accessibilité ; (A) aide à rester inébranlable en situation difficile sans se refermer sur soi ; (M) élimine les mécanismes de refoulement ; (P) aide en cas d'apparitions de tumeurs, d'hyperacidité, de maladies intestinales et cutanées.

Lit. : 2 **Disp.** : bonne ❍

Serpentine (noble, Jade de Chine)

Minéralogie : phyllosilicate basique de magnésium (monoclinique, tertiaire)

Indications : (S) sollicitude ; (A) atténue le stress et la tension, équilibre les sautes d'humeur ; (M) favorise le soutien et l'aide mutuelle ; (P) aide en cas de crampes musculaires, régule la fonction rénale, atténue l'hyperacidité et enraye la formation de dépôts dans les artères.

Lit. : 1 / 2 / 3 **Disp.** : faible ❍

Serpentine (œil d'argent)

Minéralogie : serpentine avec des couches d'asbeste (mono-clinique, tertiaire)

Indications : (S) protection ; (A) favorise la distanciation et la paix intérieure, aide à se défaire des blocages de l'orgasme lors de l'acte sexuel ; (M) rend plus apte au compromis et amoindrit l'animosité ; (P) aide en cas de troubles du rythme cardiaque, des crampes musculaires et des troubles menstruels

Lit. : 1 / 2 / 3 **Disp.** : bonne ○

Serpentine avec chromite (Chyta)

Minéralogie : serpentine avec chromite (monoclinique / cubique, tertiaire)

Indications : (S) autodétermination ; (A) aide à se protége d'influences extérieures ; (M) permet de mieux défendre se intérêts ; (P) aide en cas de troubles rénaux, hépatiques gastriques et intestinaux, surtout lorsque diarrhée et constipa tion se succèdent.

Lit. : 1 / 2 / 3 **Disp.** : faible ○

Shiva-Lingam (Grès)

Minéralogie : pierre de rivières sédimentaires (diverses struc tures, secondaire)

Indications : (S) développement spirituel ; (A) permet d travailler sur des expériences de la petite enfance et d'autre imprégnations psychiques ; (M) aide à procéder à un exame de soi-même et à se débarrasser de tout ce qui est inutile (P) a un effet harmonisant et décrispant en cas de trouble abdominaux.

Lit. : 2 **Disp.** : faible ○

Sidérite

Minéralogie : carbonate de fer (rhomboédrique, toutes le formations)

Indications : (S) constance ; (A) procure patience et forc dans les périodes difficiles, favorise la tempérance dans le périodes agitées et faites de débordements ; (M) aide à sort de soi et à mettre fin à la cogitation ; (P) en cas de trouble cardiaques, circulatoires et du métabolisme du fer.

Lit. : 2 **Disp.** : rare ○

Silex (Pierre à feu)

Minéralogie : mélange de calcédoine et d'opale (rhomboédrique / amorphe, secondaire)

Indications : (S) entente / communication ; (A) apaisement, sérénité ; (M) favorise la capacité à communiquer et à écouter ; (P) favorise la fonction des muqueuses, des poumons, de la peau et des intestins, améliore la détoxication, aide en cas de constipation et de diarrhée.

Lit. : 2 **Disp.** : bonne ❍

Silex brun (Hornstein brun)

Minéralogie : mélange de jaspe et d'opale (rhomboédrique, secondaire)

Indications : (S) productivité ; (A) atténue le stress, détend, procure un besoin d'action mesurée ; (M) aide à réaliser des projets d'une manière simple ; (P) nettoie le tissu conjonctif et la peau, atténue les allergies, améliore la flore intestinale et aide en cas de constipation et de diarrhée.

Lit. : 2 **Disp.** : faible ❍

Silex multicolore (Hornstein multicolore)

Minéralogie : mélange de jaspe et d'opale (rhomboédrique / amorphe, secondaire)

Indications : (S) échange, ouverture ; (A) flexibilité et sérénité ; (M) facilite la capacité à travailler en équipe ; (P) nettoie le tissu conjonctif et la peau, permet d'éviter la formation de corne et d'exostose, favorise la stabilité des vaisseaux ainsi que la digestion et l'élimination.

Lit. : 2 **Disp.** : faible ❍

Smithsonite

Minéralogie : carbonate de zinc (rhomboédrique, secondaire)

Indications : (S) intérêt : (A) rend extraverti, dissipe l'embarras, améliore le sommeil ; (M) stimule l'intelligence ; (P) atténue le diabète, favorise la cicatrisation, stimule le système immunitaire et la fertilité, excellent pour la peau, les nerfs et les jambes.

Lit. : 2 **Disp.** : rare ❍

Sodalite

Minéralogie : tectosilicate avec du natrium (cubique, primaire)

Indications : (S) recherche de la vérité ; (A) élimine les sentiments de culpabilité, aide à être conséquent avec soi-même ; (M) favorise la conscience des choses, l'idéalisme et l'aspiration à la vérité ; (P) stimule l'assimilation des liquides, aide en cas d'extinction de voix, de perte de la voix, de fièvre, de surpoids et de d'hypertension.

Lit. : 1 / 2 / 3 **Disp.** : bonne ❍

Soufre

Minéralogie : soufre (élément naturel, orthorhombique, primaire/secondaire)

Indications : (S) purification ; (A) en cas d'humeur changeante et d'apparence hirsute ; (M) met en lumière les choses pas claires et refoulées ; (P) permet un nettoyage intensif de la peau, du tissu conjonctif et du tissu graisseux, favorise l'élimination des métaux lourds contenus dans l'organisme.

Lit. : 2 **Disp.** : faible ❍

Sphalérite (Blende de zinc)

Minéralogie : sulfure de zinc (cubique, toutes les formations)

Indications : (S) rapidité ; (A) rééquilibre le manque de paix intérieure et aide à s'endormir ; (M) favorise la pensée abstraite, la capacité de concentration et de mémoire ; (P) améliore la cicatrisation, atténue le diabète, fortifie le cerveau et la peau, renforce le système immunitaire.

Lit. : 2 **Disp.** : faible ❍

Sphalérite (Blende miel)

Minéralogie : sphalérite transparent (sulfure de zinc, cubique, primaire)

Indications : (S) agilité, élan ; (A) contre l'épuisement, la faiblesse, le manque de courage et la peur ; (M) augmente la capacité mémorielle, permet de suivre plusieurs choses en parallèle ; (P) aide en cas de diabète, de nervosité dans les jambes, agit sur le cerveau, la peau, le système immunitaire, la fertilité.

Lit. : 2 **Disp.** : rare ❍

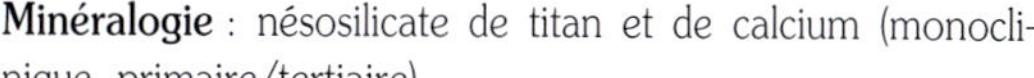

Sphène (Titanite)

Minéralogie : nésosilicate de titan et de calcium (monoclinique, primaire/tertiaire)

Indications : (S) intégrité ; (A) favorise la maîtrise de soi ; (M) aide à se frayer un chemin à travers les obstacles ; (P) favorise la régénération, fortifie le système immunitaire, aide en cas d'inflammations résistantes, dont la bronchite, la sinusite et l'abcès dentaire.

Lit. : 2 **Disp.** : rare ❍

Spinelle

Minéralogie : oxyde de magnésium et d'aluminium (cubique, primaire / tertiaire)

Indications : (S) affirmation de soi ; (A) donne du courage, de la confiance et un état d'esprit d'acquiescement à la vie ; (M) favorise la pensée structurée et la constance dans l'action ; (P) fortifie la musculature, revivifie les membres insensibilisés ou engourdis, nettoie les vaisseaux, l'intestin et la peau.

Lit. : 2 **Disp.** : rare ❍

Staurolite (Staurotide)

Minéralogie : nésosilicate de fer et d'aluminium (orthorhombique, tertiaire)

Indications : (S) identité, transformation de sa vie ; (A) aide à dissiper les schémas établis ; (M) stimule la capacité à reconnaître ce qui a du sens et ce qui n'en a pas ; (P) favorise la création d'un milieu adéquat pour les liquides corporels, aide en cas d'infections bactériennes ou virales et de mycoses.

Lit. : 2 **Disp.** : faible ❍

Stéatite (Talc)

Minéralogie : phyllosillicate basique de magnésium (monoclinique, tertiaire)

Indications : (S) accessibilité, (A) aide à dépasser les peurs et les attitudes de défense exagérées ; (M) rend sociable et ouvert au dialogue ; (P) nettoie et diminue les graisses, aide à lutter contre le surpoids et protège les artères et le cœur.

Lit. : 2 **Disp.** : bonne ❍

Stilbite

Minéralogie : lames de zéolite (tectosilicate, monoclinique, primaire)

Indications : (S) douceur ; (A) pour une humeur calme, détendue et bien ancrée en soi ; (M) incite à suivre ses propres idées et visions ; (P) stimule la fonction rénale, fortifie les sens, en particulier le sens gustatif et aide en cas de maux de gorge.

Lit. : 2 **Disp.** : faible ❍

Stromatolite

Minéralogie : sédiment formé par des algues siliceuses (secondaire)

Indications : (S) capacité d'adaptation ; (A) favorise la souplesse tout en conservant son point de vue ; (M) aide à travailler sur les expériences accumulées et à s'en servir pour grandir ; (P) nettoie le foie et les tissus, développe la flore intestinale, stimule le métabolisme et l'élimination.

Lit. : 2 **Disp.** : faible ❍

Strontianite

Minéralogie : carbonate de strontium (orthorhombique, primaire / le plus souvent secondaire)

Indications : (S) estime ; (A) renforce l'estime de soi, améliore l'humeur ; (M) donne la capacité à prendre des décisions et l'envie d'entreprendre ; (P) favorise la performation et l'endurance, aide à éviter les sollicitations excessives, facilite le transit intestinal.

Lit. : 2 **Disp.** : faible ❍

Sugulite

Minéralogie : cyclosilicate riche en minéraux (hexagonal, primaire)

Indications : (S) attitude conséquente ; (A) incite à rester fidèle à soi-même et aide en cas de peur et de paranoïa ; (M) donne la force de résoudre les conflits et d'achever ses projets sans faire de compromis ; (P) aide en cas de douleurs, de troubles nerveux, de dyslexie, et de troubles moteurs.

Lit. : 1 / 2 / 3 **Disp.** : rare ❍

Tanzanite (Zoïsite)
Minéralogie : zoïsite bleu (sorosilicate, orthorhombique, primaire)
Indications : (S) vocation, orientation ; (A) aide à dépasser les peurs et les crises et à développer la confiance ; (M) aide à clarifier le sens des choses et à être clair avec soi-même ; (P) stimule les reins, fortifie les nerfs et agit comme fortifiant et reconstituant.
Lit. : 2 **Disp.** : très rare ❍

Tectite
Minéralogie : verre formé par l'impact d'un météorite (amorphe)
Tectite
Indications : (S) lâcher prise ; (A) aide à lâcher prise sur des affaires liées à l'argent ou à la propriété ; (M) aide à reconnaître sa propre spiritualité ; (P) accélère la guérison, aide en cas d'expositions à des rayonnements et de maladies infectieuses.
Lit. : 2 **Disp.** : bonne ❍

Thulite (Zoïsite rouge)
Minéralogie : zoïsite manganifère (sorosilicate, orthorhombique, tertiaire)
Indications : (S) désir, défi ; (A) aide à se dépasser, stimule romantisme et sexualité ; (M) aide à vivre ses désirs, ses phantasmes et ses besoins ; (P) favorise la fertilité et la régénération et fortifie les organes sexuels.
Lit. : 1 / 2 / 3 **Disp.** : faible ❍

Topaze bleue
Minéralogie : nésosilicate d'aluminium ferrifère (orthorhombique, primaire)
Indications : (S) confiance en soi ; (A) permet de croire pleinement en ses propres capacités ; (M) aide à acquérir de la sagesse en tirant des leçons des méandres de la vie ; (P) fortifie les nerfs, améliore la digestion et l'assimilation des nutriments.
Lit. : 1 / 2 / 3 **Disp.** : rare ❍

Topaze impériale (Topaze dorée)
Minéralogie : nésosilicate d'aluminium phosphorifère (orthorhombique, primaire)
Indications : (S) conscience de soi ; (A) incite à se placer sous un éclairage juste, aide en cas de dépression ; (M) favorise la réalisation de grands projets ; (P) aide en cas de troubles nerveux, digestifs et alimentaires (également l'anorexie), stimule le métabolisme et la fertilité féminine.
Lit. : 1 / 2 / 3 / 4 **Disp.** : rare ❍

Topaze incolore
Minéralogie : nésosilicate d'aluminium ferrifère (orthorhombique, primaire)
Indications : (S) réalisation de soi ; (A) aide à découvrir sa propre richesse intérieure en matière de savoir et de talents ; (M) favorise le développement spirituel, aide à identifier ses propres objectifs ; (P) aide en cas de faiblesse visuelle, de troubles oculaires et stimule le métabolisme.
Lit. : 1 / 2 / 3 **Disp.** : bonne ❍

Topaze jaune
Minéralogie : nésosilicate d'aluminium chromifère (ortho rhombique, primaire)
Indications : (S) valeur de soi ; (A) permet d'être plus sûr de soi et favorise la conscience de sa propre importance ; (M) aide à apprécier les succès de sa vie et de ses actes ; (P) stimule la digestion et le métabolisme, fortifie l'estomac, le pancréas et l'intestin grêle.
Lit. : 1 / 2 / 3 **Disp.** : rare ❍

Tourmaline (Indigolite)
Minéralogie : tourmaline bleue (cyclosilicate de bore, rhomboédrique, primaire)
Indications : (S) fidélité et éthique ; (A) dissipe le deuil et les sentiments bloqués ; (M) rend ouvert, tolérant, favorise l'amour de la vérité et la conscience de ses responsabilité (P) stimule l'équilibre hydrique et l'élimination par les reins e la vessie, assure une meilleure guérison des brûlures.
Lit. : 1 / 2 / 3 **Disp.** : rare ❍

Tourmaline (Verdélite)

Minéralogie : tourmaline verte (cyclosilicate de bore, rhomboédrique, primaire)

Indications : (S) gratitude ; (A) aide à voir les miracles de la vie ; (M) stimule l'intérêt pour autrui ; (P) détoxique, fortifie les nerfs, le cœur, l'intestin, les articulations et stimule la fonction du parenchyme, aide en cas de processus dégénératifs et de tumeurs.

Lit. : 1 / 2 / 3 **Disp.** : faible ❍

Tourmaline jaune

Minéralogie : tourmaline jaune (cyclosilicate de bore, rhomboédrique, primaire)

Indications : (S) bonheur ; (A) favorise une vie heureuse et la confiance en ses propres capacités ; (M) fortifie la capacité mémorielle, le désir d'entreprendre et une vision du monde positive ; (P) stimule les sens, les nerfs, la digestion et le métabolisme.

Lit. : 1 / 2 **Disp.** : rare ❍

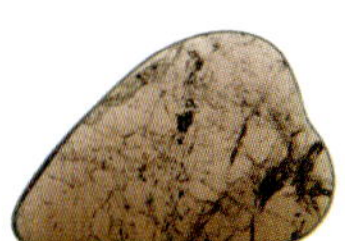

Tourmaline (Apyrite)

Minéralogie : tourmaline de couleur violette (cyclosilicate de bore, rhomboédrique, primaire)

Indications : (S) sagesse ; (A) procure une profonde paix de l'âme et aide à voir ce qui est sain chez les autres et dans le monde ; (M) aide à trouver une solution aux problèmes ; (P) harmonise le système nerveux et hormonal ; régule la respiration, le cerveau et les intestins.

Lit. : 2 **Disp.** : rare ❍

Tourmaline (Dravite)

Minéralogie : tourmaline de magnésium et d'aluminium (rhomboédrique, primaire)

Indications : (S) sens communautaire ; (A) favorise la disponibilité à aider et l'engagement social ; (M) apporte créativité pragmatique et adresse manuelle ; (P) stimule la régénération des cellules, des tissus et de la peau, aide en cas de cellulite et de cicatrisation.

Lit. : 1 / 2 / 3 **Disp.** : faible ❍

Tourmaline (Rubellite)

Minéralogie : tourmaline rouge (cyclosilicate de bore, rhomboédrique, primaire)

Indications : (S) vivacité ; (A) rend affable, vivant, favorise l'intérêt pour le sexe ; (M) aide à se consacrer activement et avec insistance à une cause ; (P) stimule les fonctions des nerfs, du sang, de la rate, du foie, du cœur et des organes sexuels.

Lit. : 1 / 2 / 3 **Disp.** : faible ❍

Tourmaline (Schorl)

Minéralogie : tourmaline noire contenant du fer et de l'aluminium (rhomboédrique, primaire)

Indications : (S) neutralité ; (A) favorise la sérénité, atténue le stress, protège des influences extérieures, améliore le sommeil ; (M) rend sobre, clair, logique et rationnel ; (P) aide en cas d'exposition aux rayonnements, de douleurs, de tensions et de sensations d'engourdissement, élimine les blocages énergétiques dus aux cicatrices.

Lit. : 1 / 2 / 3 **Disp.** : bonne ❍

Tourmaline melon d'eau

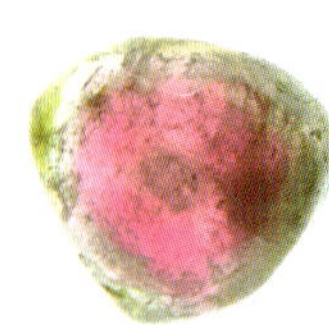

Minéralogie : tourmaline verte à noyau rouge (rhomboédrique, primaire)

Indications : (S) compréhension ; (A) favorise l'amour, l'amitié et la sensation d'être à l'abri, atténue les peurs et la dépression ; (M) aide à exprimer nettement sa propre intention ; (P) fortifie le cœur, stimule la régénération des nerfs, aide en cas de paralysies et de sclérose en plaques.

Lit. : 1 / 2 / 3 **Disp.** : rare ❍

Tourmaline œil-de-chat

Minéralogie : tourmaline fibreuse, chatoyante (rhomboédrique, primaire)

Indications : (S) imagination ; (A) incite à créer à partir de riches images intérieures ; (M) apporte un nouvel angle d'approche, fait ressortir l'aspect particulier dans toute chose ; (P) pour les nerfs, la perception sensorielle, la détoxication, l'élimination et les articulations, agit au niveau de la tête et des voies respiratoires.

Lit. : 2 **Disp.** : rare ❍

Tourmaline Paraïba

Minéralogie : tourmaline contenant du cuivre (cyclosilicate de bore, rhomboédrique, primaire

Indications : (S) amour, beauté ; (A) permet de vivre l'amour universel du monde et de tous les êtres, permet d'avoir des rêves profonds ; (M) favorise le sens de la justice, la force de décision et clarifie le trouble ; (P) stimule les hormones, le foie, les nerfs et le cerveau.

Lit. : 2 **Disp.** : très rare ❍

Tourmaline polychrome

Minéralogie : tourmaline multicolore (cyclosilicate de bore, rhomboédrique, primaire)

Indications : (S) totalité: aide à relier l'esprit, l'âme, la raison et le corps pour former une unité harmonieuse ; (A) stimule l'imagination et les rêves ; (M) aide à identifier et à diriger les évolutions ; (P) harmonise les nerfs, le métabolisme, les glandes hormonales et le système immunitaire.

Lit. : 1 / 2 / 3 **Disp.** : rare ❍

Tugtupite

Minéralogie : tectosilicate avec natrium (quadratique, primaire)

Indications : (S) conviction, compréhension ; (A) renforce la conscience de soi, dissipe les sentiments de vengeance et d'apitoiement sur soi ; (M) dissipe les doutes sur soi-même et les regrets, aide à apprendre de ses erreurs et à être fidèle à ses convictions ; (P) aide en cas de problèmes cardiaques et rénaux.

Lit. : 2 **Disp.** : très rare ❍

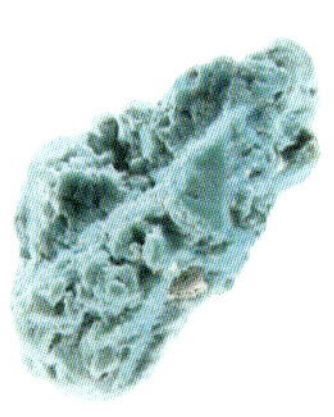

Turquoise

Minéralogie : phosphate basique de cuivre et d'aluminium (triclinique, secondaire)

Indications : (S) destin ; (A) équilibrant, stimulant, protège des influences extérieures ; (M) permet d'identifier les causes du bonheur et du malheur et de les maîtriser ; (P) aide en cas d'épuisement, d'hyperacidité, de rhumatisme, de goutte, de troubles gastriques et de crampes.

Lit. : 1 / 2 / 3 **Disp.** : faible ❍

Ulexite

Minéralogie : borate hydrogéné de natrium et de calcium (triclinique, secondaire)

Indications : (S) attention ; (A) reconstitue et stabilise en cas d'accès brutaux de faiblesse et de dépression ; (M) aide à observer attentivement les choses et à les voir comme elles sont ; (P) fortifie les nerfs, aide en cas de nausée et de troubles oculaires.

Lit. : 2 **Disp.** : faible ❍

Vanadinite

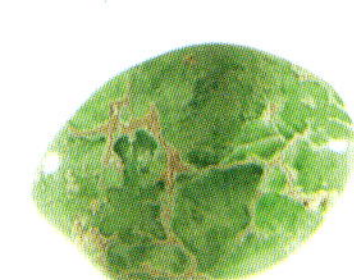

Minéralogie : vanadate de plomb (hexagonal, secondaire)

Indications : (S) dépassement ; (A) aide à dépasser les sentiments de ruine, de destruction et d'absence de perspective ; (M) aide à se frayer un chemin à travers des choses paralysantes ; (P) active les maladies latentes, aide en cas d'inflammations qui guérissent mal.

Lit. : 2 **Disp.** : rare ❍

Variscite

Minéralogie : phosphate hydraté d'aluminium (orthorhombique, secondaire)

Indications : (S) réconfort ; (A) aide en cas de fatigue chronique, atténue le manque de tranquillité intérieure ; (M) rend objectif et rationnel, aide à s'exprimer clairement ; (P) donne de l'énergie, atténue l'hyperacidité, aide en cas de brûlure d'estomac, de gastrite, d'ulcère à l'estomac, de rhumatisme et de goutte.

Lit. : 1 / 2 / 3 **Disp.** : faible ❍

Verdite (Fuchsite-Serpentine-Argile)

Minéralogie : fuchsite avec de la serpentine et/ou de l'argile (quartz, rhomboédrique, secondaire)

Indications : (S) vigilance ; (A) aide à percevoir les influences extérieures, stabilise et rend capable de faire face aux situations de fortes sollicitations ; (M) aide à assumer la responsabilité de ses actes ; (P) stimule la désacidification, le drainage et l'élimination, fortifie l'estomac, le foie et l'intestin.

Lit. : 1 / 2 **Disp.** : faible ❍

Verre naturel (verre libyen)
Minéralogie : fusion figée de dioxyde de silicium (amorphe, primaire)
Indications : (S) gaieté, plaisir ; (A) rend spontané, impulsif, donne de la joie de vivre et de la sociabilité ; (M) permet de se débarrasser des doutes et d'accepter des considérations diverses et variées ; (P) aide en cas de troubles du globe oculaire et du cristallin (« cataracte »), excellent pour l'estomac et le pancréas.
Lit. : 2 **Disp.** : rare ❍

Vésuvianite (Californite)
Minéralogie : roche contenant du vésuvianite (vésuvianite : quadratique, tertiaire)
Indications : (S) honnêteté, intérêt, curiosité ; (A) aide à changer les attachements et les comportements tenaces ; (M) incite à s'exprimer librement pour dissiper contrariété et déception ; (P) favorise la désacidification et la régénération, a une action anti-inflammatoire.
Lit. : 2 **Disp.** : faible ❍

Vésuvianite (Idocrase)
Minéralogie : sorosilicate riche en minéraux (quadratique, tertiaire)
Indications : (S) honnêteté, esprit de chercheur ; (A) permet de dépasser ses habitudes et ses peurs ; (M) aide à enlever consciemment les masques et les fausses apparences ; (P) stimule la régénération, fortifie le foie et les nerfs, désacidifie et a une action anti-inflammatoire.
Lit. : 2 **Disp.** : rare ❍

Vivianite
Minéralogie : phosphate de fer hydraté (monoclinique, secondaire)
Indications : (S) intensité ; (A) agit de manière vivifiante, libère les sentiments enfouis, rend la vie intense et parfois excitante ; (M) aide en cas d'ennui et apporte un vent frais dans les relations sclérosées ; (P) désacidifie, stimule le foie, aide en cas de faiblesse et de manque de force.
Lit. : 2 **Disp.** : très rare ❍

Wardite

Minéralogie : phosphate de sodium et d'aluminium (quadratique, secondaire)

Indications : (S) honnêteté, franchise ; (A) aide à se montrer comme on est sans se sentir sans défense ; (M) permet de clarifier plus facilement des conflits relationnels ; (P) reconstituant et fortifiant, aide en cas d'hyperacidité et de troubles rénaux et urinaires.

Lit. : inconnue **Disp.** : très rare ❍

Wollastonite

Minéralogie : inosilicate de calcium (triclinique, tertiaire)

Indications : (S) solidité, fermeté ; (A) favorise la fermeté en cas d'attaques émotionnelles ; (M) grande force de résolution, consolide ses propres convictions ; (P) stimule les tissus, la croissance, la sensation corporelle, la tenue du corps et la coordination des mouvements.

Lit. : 2 **Disp.** : rare ❍

Wulfénite

Minéralogie : molybdate de plomb (quadratique, secondaire)

Indications : (S) liberté de mouvement ; (A) libère d'une réserve maladive ; (M) aide à reconnaître les modèles d'adaptation et d'éducation et à avoir un rapport plus libre avec ces derniers ; (P) aide en cas de nodules, de dessèchement, d'amaigrissement, d'atrophie musculaire et de formation de calculs.

Lit. : 2 **Disp.** : rare ❍

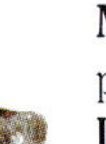

Zircon

Minéralogie : nésosilicate de zirconium (quadratique, primaire)

Indications : (S) sens de la vie ; (A) aide à faire face aux pertes et à lâcher prise ; (M) permet de prendre conscience de ce qui est fugitif et de ce qui est vraiment important ; (P) stimule la fonction hépatique, atténue la douleur et permet d'éliminer les crampes, entre autres en cas de retard des règles.

Lit. : 1 / 2 / 3 / 4 **Disp.** : faible ❍

Zoïsite

Minéralogie : sorosilicate de calcium et d'aluminium (orthorhombique, tertiaire)

Indications : (S) régénération, attitude constructive ; (A) favorise le repos après des maladies ou des situations très pesantes ; (M) aide à se libérer de la nécessité de s'adapter et des déterminations extérieures ; (P) ralentit les inflammations et stimule la régénération des cellules et des tissus.

Lit. : 1 / 2 / 3 **Disp.** : bonne ❍

Zoïsite avec du rubis (Anyolite)

Minéralogie : rubis dans une matrice de zoïsite (rhomboédrique / orthorhombique, tertiaire)

Indications : (S) dynamique, régénération ; (A) fait resurgir des sentiments enfouis, stimule la puissance sexuelle ; (M) favorise un engagement créatif ; (P) désacidifie, régénère et stimule la fécondité ; utile en cas de troubles de la rate, de la prostate, des testicules et des ovaires.

Lit. : 1 / 2 / 3 **Disp.** : faible ❍

Index des Appellations

Obsidienne argentée : obsidienne
Obsidienne dorée : obsidienne
Obsidienne flocons de neige : obsidienne
Œil d'argent : serpentine
Œil-de-chat : chrysobéryl
Œil de fer : jaspe avec hématite
Œil-de-faucon : œil-de-tigre
Œil-de-tigre : quartz doré
Olivine : péridot
Oolite ferrifère : oolite
Opale blanche : opale noble
Opale d'eau : opale (hyalite)
Opale des Andes : opale incolore, Opale (Chrysopale), Opale (rose)
Opale laiteuse : opale blanche
Opale léopard : opale matrix
Opale mousse : opale
Opale noire : opale noble
Orthoclase doré : orthoclase (orthose, feldspath)
Orthose : orthoclase (feldspath, orthoclase doré)
Oxyde de fer rubané : hématite rubanée
Paesine : calcaire ruiniforme
Peanut Wood : bois pétrifié
Pectolite bleue : larimar
Péridotite : olivine espagnole
Petoskey-Stein : corail fossilisé
Phlogopite : hermanover kugel
Pierre à feu : silex
Pierre chrysanthème : porphyrite
Pierre d'amulette : agate (thunderegg)
Pierre d'Aztèques : rhyolite (pierre du Dr Liesegang)
Pierre du Dr Liesegang : rhyolite (pierre d'Aztèques)
Pierre nébula : eldarite
Poppy jaspis : jaspe orbiculaire
Pop-Rocks : boji
Porphyre-à-fleurs : porphyrite
Prasopale : opale
Quartz à âme : faden-quartz
Quartz blanc : quartz neigeux
Quartz bleu : aventurine bleue, quartz-rutile bleu
Quartz fantôme avec chlorite : cristal de roche
Quartz fantôme : cristal de roche
Quartz fraise : quartz
Quartz goethite : cacoxénite
Quartz Herkimer : cristal de roche
Quartz laiteux : quartz girasol
Quartz laser : cristal de roche
Quartz rose étoilé : quartz rose
Quartz squelette : cristal de roche (élestial)
Quartz : aventurine verte, aventurine orange, agate arborisée
Quartz-Goethite : cacoxénite
Roche labradorite : galaxyite
Rubellite : tourmaline
Saccharoïde : dolomite blanche
Sambésite : prasiolite-améthyste
Saphir d'eau : cordiérite
Schorl : tourmaline
Sel gemme : halite
Spectrolite : labradorite
Sphalérite-Wurtzite : schalenblende
Spodumène rose : kunzite
Spodumène : hiddenite
Staurotide : staurolite
Stibine : antimonite
Sulfure de plomb : galène
Syénite : larvikite
Talc : stéatite
Thunderegg : agate (pierre d'amulette)
Titanite : sphène
Topaze dorée : topaze impériale
Turitellas Jaspis : jaspe
Unakite : épidote
Verd-antique : ophicalcite
Verdélite : tourmaline
Verre libyen : verre naturel
Yowah opale : opale noble
Zoïsite rouge : thulite
Zoïsite : tanzanite

Où trouver les cristaux :

Mineral Do Brasil
86, rue de Miromesnil
75008 Paris
Tél : 01 45 63 18 66
Fax : 01 42 56 07 03
www.midobras.com — midobras@wanadoo.fr

Contacts : Michaël Gienger, Stäudach 58/1, D-72074 Tübingen
Tel: 0049 7071/364719 (fax: 38868)
info@cairn-elen.de
www.cairn-elen.de